江蘇歷代方志全書——②

小志部

官署廠局補

江蘇省地方志編纂委員會辦公室 編

鳳凰出版社

第二册目録

嘉靖後湖志（二）

（明）趙官 張愈嚴 萬文彩 編次
（明）李萬實 陸鳳儀 等 增輯

後湖志卷之十

嘉靖□南京吏科等衙門給事中等官□彭汝

寔等奏

准爲捐小費以重版圖事門門管理後湖黃司

玄奏门谷作奉旨淵門

臣等切惟澳暸壹事後湖最重所以時給閱

而勤拂拭垃米門不舉則蠹生積陰不揚測

濕閏曬瞭其可後哉允各庫黃開年最遠者

最清年蔽近者蔽弊荷遠而清者曰入汸威

則近而弊者日入系亂而奠懲矣查得後剏

舊例每伍曰雖有電暸之期成努於未架之

幾稽或費於損壞之補造加以乎久開多人

臣不足未久支吾草幸以應故事閉有然威

而不壹經䆯暸者比思以爲不壹勞嘗不末

過不預圖名不末存乞

新鎸法志　卷之一

該部議處熱行南京工部親詣各庫估計各
料每於庫照磚倒小象下庫料高貳尺伍寸
長以叁磚相須爲度廣以貳磚相開爲壹每
壞相去叁尺壞上各附錢標肆條長齊柒尺
各與撥蒙約計每庫壹連不過貳門叁門每
家官價叁渦貳料工下通計壹百壹皆餘門
所費不過叁年木作之用止耳比之遂月用
木成造堅脆固已什行遂目用人攤後勞便
荞已懸殊費不重而效久勞不大而功多矣

年十一月南京吏科[illegible]等衙門給事中[illegible]

淩寔等奏

准爲申嚴後湖禁例以重版圖事奏曰[illegible]等年本衙門

照管理後湖黃冊切非後湖所爲

禁地而後民數有所藏清查爲盛舉而後民姦

無所售此固

祖宗深遠之計越茲百餘年而不可忽者但法

以弛而易玩例以久而或壞若不遂壹申嚴

臣恐無以壯觀望而懲姦宄矣謹具湖事宜

條上

伏乞

陳勅下該部議處施行則

祖宗之舊章不隳而民數之利敝可覈矣緣係

申嚴後湖禁例以重版圖事理未敢擅便謹

具奏

後湖志卷 卷之十 二

計開

壹曰謹勞滑以慎防守民等切見後湖之有可從杵偕水與堤耳每當春夏貳時固於洲州但流術降未免水落加之年久積壹帶跨淋生多有攝衣可漲之處而東南坐是跨池宮道不無蓊牧採捕之徒根岸不能日冤有州莫牧非萍蓝有欲禁之而者正香俞此諸臣佾有建議欲沿湖築齊止耳济億此但以勞重貴多且有防嶷而郡不必別有與作但秉令冬水落潤涸湖後敢其高土因以隨岸周於[illegible]

貳曰定歷事以通情法臣等照得各衙門
監生歷事俱准計日實算並無別補
獨於過湖監生或有已經壹班兩班者甚
則監生人數不數亦有過湖叁次者止准
實歷叁月則是兩班者以貳日爲壹日叁
撥者以叁日爲壹日矣況中間勞苦比他
立事實俱什伍前此諸臣爲此已經具
題令後過湖查册監生叁箇月滿日作實歷叁
箇月其餘以箇月於各衙門歷事奏補已
蒙
俞允切念言者之意本以冊多人少卒難完結
且憫監生之勞因以慰勞而誘引之使人
樂於趨事耳但言之偶有不盡行者遂有
所拘故叁月之歷在吏部不敢少增不知
過湖兩班叁班者何以處也叁月之後在
監生不肯復過雖後湖人數不敷者亦不
充補也夫奏准立意在致人今准立行而
人反不足清查之事何時而完耶乞

勅該部議覆令後大查之年凡過湖監生務要
奏定舊例俱用叁百伍拾名足數每過湖
查理壹班者或無止准貳箇月兩班者則
准肆箇月叁班者則准陸箇月則壹班者
其舊例貳兩班叁班者比舊實增人樂赴
稽時以進歷冊便於添人以查理而情法
可以兩全矣

崇

叅曰

聖諭以作賴靡臣等切見後湖所係實非薄故
凡財賦之盈虛戶口之增耗軍匠之出沒
悉俱存
聖祖以來節有
天語訓示亦欲人之綱曰警心也今之載諸湖
志者人不盡知書之紙榜者時不甚久或
有斬而黏座壁則亦近褻而不安往往寧廢
閣而不以張耳臣等近以清查過湖見何

軌事人等無慮百上下人數泛多時有
姦究作弊合用兩明榜示者假以撿尋
出舊日紙榜各張破裂將盡暫用輪[illegible][illegible]
出無地懸示隨於正德以來新[illegible]之舊壞
上舊基茲原有亭料尾示立道尊治方亭
壹所新將已寫先今
題准
勅諭粉版懸掛以申曉諭仍乞
勅下上部通將大查
題准
聖旨刻榜懸置亭上則
聖言得尊閣之地而軌事者亦庶乎尊所聞矣

肆日

定冊式冊式以圖久遠臣等切見各庫黃
冊式樣大小不壹中間全損亦殊大
紙體裂最闊大者多損體裁將窄小者多
全蓋推閣大則翻閱既難曬晾不便收藏
縱遷之際亦未免於損壞矣乞
勅該部議處通行天下司府州縣今後大造黃

進

冊總橫各不過壹尺貳寸比照冊包與蔽
呈登科錄體式俱用厚實紙張藏亦便而
但以布葉裝裹則翻搠不損收
肆方之承差者亦易於齊解矣

伍曰

滕老冊以防塵藏卮等切見歷年黃
冊自洪武而下永樂而上壹應軍匠
事內歷厥川據凡天下理浸混爭每奏辯
行查者往往賴此以定圖是而下人心[illegible]
命夫亦常繳時愈近而發愈滋紙張反多
己攢實有不足愁若安衍與老冊比哉但
念版圖與文戳同重舊章鎋故典不齊蓄
恩積冊以久冊紙扁陳加之揭查覆塽間
多損虞之

淺

部議厥情選好紙取用書手併將洪武末
樂式庫天下軍匠竈籍重事及洪治年間
軍由備加塵錄業成小冊俱用術葉包裹
所之本庫此與總冊斤定著實嚮窺則版
覆處以未存而發豪附以戳成然在今壹

時賜末免恭勞費而萬世實緣此以不朽
矣
陸曰折鮮鈔以甦民困臣等看得過湖監
生日用鮮米乾魚但是本監該會撥
日送湖灘鮮肉取自都稅司宣課司等
衙門供應隨撥大使應館等呈稱甲職各
於該管地方輸差巡攔抽稅屠户借肉解
送南京國子監供應會饌餼頭餼肉不數
之數但近年以來屠户發頂角出椊肉壹
兩者或低錢叁肆文者甚有疲併之徒
全然不出鮮有稅肉虛名此與乞丐無異
近又添撥到監生扎肉增肉不同每叁日
壹次計貳百叁拾餘斤與要剔骨淨肉加
耗秤收今又時年荒歉猪少肉貴每斤時
價叁拾捌文以致各縣巡攔逃躲不來應
後節蒙追併官吏揭積買辦況又拼納
內府錢粮向汗
神帛堂合用腴油等項及原額課鈔日收不

數之數不能完納款要比照国子監事例
折鈔等因石等奇零
大明會典內開宣德參年停止會饌其饌頭館
內逐月照依時估於順天府都稅司門攤
課鈔內折支乾魚椒鹽等料仍將本色在
京國子監至今遵照施行為照兩京國學
事體相同況南京地方連年水旱尤宜進
折并祛得都稅司先任大黃陽靖副使張
感公西危攬收辦不數於弘治陸年柴丹
初作以用夜監流情實可潤合無比照國
子馬事倒並與貴滄折鈔惟大查日助過
湖監生用力勞流水氣蒸濕北之在監不
同侍乞部視司輪流供應每年不過貳季
每季不過參百餘人則公私兩便既不失
節用愛民之心亦少存作養人材之意矣

柒曰取依親以助清查臣等切見後湖大
宜道以冊多人少已經參季遍湖實

該管於州縣[illegible]內自揀堂當
其歷年自隸糧役[illegible]有計之則將不止拾年
而下船[illegible]差塘湖應該照添補照數添過湖
作以存隄守則不數近目各個所添後數
多行先令各處告回依親人等在家閑住
且使塘夫日就耕種蘇後耐用亦無廢矣
乞
勅補部通行催取後船暫將添撥人數停止俱
令補數過湖清查則收圖有可完之日庶
不失愛養人材之意矣

[illegible]湖志　卷之十

[illegible]

嘉靖五年九月一條

四月南京戶科等衙門給事中等官趙永

淳等題

准爲清理黃冊議處重歷以便清查事題內臣等各准

奉本衙門劄清理天下黃冊本年二月十

六日本例該大查黃冊准南京國子監典簿廳

手冊開送監生謝異等二百三十七名前來

到湖督同查對查得先年查理黃冊取撥監

生八百名彼時冊內弊少清查人多完結誠

爲不難近年雖取監生三百五十名奏

准查冊三箇月准作實歷事三箇月共實過湖

此有二百餘名照得在監各生俱已查過一

次各處復班者少往往取撥不勻三百五十

名之數今天下黃冊姦弊多端乏人清查致

後湖志卷 卷之十 七

叢本湖草木繁多山嵐水氣易召病疾自嘉
靖二年以來病故醫生如馬應祥梁楷閔子舉
孫雲陳邦本楊作楊蔭宗王阿張贊鄧仁
樞容表經病垂須舟監生如鍾慶會甲其
狀誌可詳閱以山人懷疑懼不顧過湖冗
查黃冊不究責限不用心必加懲治此之
各衙門歷書者勞逸懸絕查冊准其歷
趨尚每年一念冕清天下查黃冊令諭已
四年冊南北查林黃冊方多人少查完其各
黃冊俱來及書冊因計而人少完結凡堅
冊以故止以等之將來故也吉黃
之聰得來去又之不動如伏人使蔓大造遷
誥將本長之為問不動如伏之使蔓勞辛完
上總本圖之為問事務蒙在
吏部從長議處重務清監生
後湖湖用其凡合無一在監少人
次通關期二次名遇湖一監
明通關期二次名
皇上
勅

則清查者之有人而大事可以計日而就矣

等因題奉

聖旨吏部知道欽此欽遵抄出送司案查嘉靖

四年四月內爲申嚴後湖禁例以重版閘事

該南京吏科給事中衙門署管後湖事南京

官彭汝寔等奏前事查係欽依事理合行

去已經咨行南京戶部查議去後今准南京

吏部咨據南京國子監呈查得該湖查冊監

生往該三百五十名每歲自一月十六日起

至五月十六日止因暑暫歇候至八月十六

日起至十一月十六日止以寒暫歇至明年

二月十六日亦復如之除不計閏查冊三箇

月消日作實歷三箇月內有事故等項不

湖計日作慣開送該監查照其餘候投各衙

門歷事九箇月轉行在湖三箇月通計一十

二箇月歷滿以為定規及本監撥出查冊監

生並無三班長差在湖專一例等因該南

京吏部看得後湖查冊監生其一班過湖三

箇月能冀歷事三箇月肯係奉
欽依事理遵行已久情法穩便等因備咨前來
[illegible]件内具緣由無未
欽[illegible]遵行穩便別經議處已經呈堂立案說会
[illegible]因[illegible]主到部看得南京戶科[illegible]商門給
[illegible]丁宦[illegible]來準等奏要議處後湖查冊監
[illegible]次准歷一節所奏大約與給事中
[illegible]寔先奏招同緣係南京吏部掌行擬台
就行為此台行脩咨該部煩為應否議處堡
日杳照奏
請
施行是到行前來已經該文查處去後今該前
因[illegible]呈到部臣等看得該監所呈見在監生
十間除舉人恩生既不兩到其[illegible]援例者
[illegible]二年之內亦止差一次及又有丁憂患病
等項回籍是以在監名數雖多而過湖原領
不足今欲存令重撥遣湖准作實歷一節誠
為圖處得宜合無酌其所議以後凡該撥過
湖監生若未足原額仍將先次已撥過湖者

重撥前去其重撥者不拘三箇月之數或一
月或兩月但有續到監生應撥者聽本監酌
量差撥更替如無應替之人仍以三箇月爲
限但在彼查冊一日即准歷事一日則勞苦
既無不均而差遣亦可不缺庶人情適均而
公私易完矣緣係清理黄冊議處重歷以便
清查事理未敢擅便等因題奉
聖旨是

[illegible]清志[illegible] 卷六十 九 [illegible]

嘉靖七年凡二條

閏十月南京户科給事中趙汞淳題

准爲重版圖以固

國本事奏門仰惟

太祖高皇帝登藏天下黄冊於後湖深謀遠慮

盡善盡美實

國家億萬年無疆之休也臣竊照洪武十四年始造黄冊起至天順六年止天下解到冊籍經今百五十餘年俱未有蟲蛀腐爛者自成化八年十八年弘治五年十五年正德七年及嘉靖元年江西廣東廣西各布政司解到該年分黄冊俱各蟲蛀腐爛十無二三惟江西一省黄冊蟲蛀腐爛之尤甚者也推原所自蓋因先年法嚴例重人知畏懼柰何年

久習於玩愒，各處官吏里書人等輕視版圖，故將粉飾紙張攢造，致使蟲蠹易生，蛀蝕廢爛，無憑查考。欲圖日後作弊，雖經節次題奉

欽依嚴行補造前來，其間飛詭田糧，埋沒軍伍，弊病多端，難以悉數。不及數年，仍復蛀蝕腐爛，往往視為泛常。況今嘉靖十一年又該天下司府州縣大造賦役黃冊，誠恐似前效尤，仍用粉飾紙張攢造，實妨國計。臣又查得各處解到賦役黃冊，中間多不依式順甲編造，與系亂穿甲攢造。假如里長趙甲下甲首錢乙等十名，即該順次編附於里長趙甲之下，方可多於校閱查對。今各處攢造黃冊，任憑里書人等玩法作弊，故將十里里首係造於十甲長之下，難以查對，深為未便。若不先行申明，嚴加禁示，無以警戒將來。如蒙伏乞

皇上俯察版圖實天下重務，特

勑戶部申明禁例，轉行江西等十三布政司及

南北直隸每經大造黃冊之年務要堅厚無
粉飾紙張依式晰中發造照依
欽定限期解送南京戶部轉送後湖看細有
故違禁例仍用粉飾紙張及桑穰倒掉搭造
者聽本湖管冊官員查驗得出先將解冊人
役參送法司問罪本湖仍行南京戶部轉行
南京都察院備行該道巡按御史親提原經
造冊官吏里書人等嚴加追究不分年前革
後通將作弊正犯得問發充軍經造官員作
罷較黜退仍將司府州縣掌印正官問擬應
得罪名其不堪冊籍駁回另紙另行依限攢
造庶冊籍永久不致損壞而姦人知所警懼
矣緣係重版圖以固
國本事理未敢擅便等因具本該通政使司
官奏奉
聖旨戶部知道欽此欽遵抄出送司案查嘉靖
六年十二月十五日為補造與黃冊以便
清查以革姦弊事該南京戶科等衙門給事

中等官趙永淳等題稱江西湖廣四川廣東
廣西各布政司陸續各解到嘉靖元年分後
湖冊黃冊共計九千六百九十二本中間
蟲蛀壞爛計六千二百八十九本紙張如粉
灰本成堆究其情弊蓋因各該官員不行用
心任憑該吏等書人等作弊故用粉飾紙張
多生虫蛀以致無憑查考乞要查提各該人
員究問罰限依式另行補造等因題奉
聖旨戶部知道欽此本部議擬覆題嘉靖七年
二月初一日奉
聖旨這遞年管手造冊官員干得人役都免題是在
外各罰俸一箇月去任的罷職吏典書人等
着巡按守巡等官就近查提了問欽此欽遵
凡照通行去後今該前項各官到部看得南
承戶科給事中趙永淳題稱江西今定解到
黃冊俱各處蛀腐爛無憑查考嘉靖十一年
又該大造與冊誠恐以前次仍用粉飾紙
張多冊中間多不依式則甲編造紙張亂全

甲攢造難以查對乞要先行申明嚴加禁治
一節為照黃冊十年一造
國家重務各該管冊官員不行用心督理致
有前弊況今嘉靖十一年又值大造之期本
官先事具題誠為方札掛應依擬合候
命下之日本部移咨都察院轉行各該巡按御
史備行江西等十三布政司並南北直隸府
州每遇大造之年嚴督各該掌印管冊官員
用心督理務要堅厚無粉飾紙張依式順甲
攢造照依
欽定限期解送南京戶部轉送後湖收查如有
故違禁例仍前故用紛飾紙張及紊亂字甲
攢造作弊者聽本湖管冊科道等官查驗得回
出先將解冊人役參送法司問罪冊籍駁回
另行紙劄依限造解仍行南京戶部轉行南
京都察院備行彼處巡按監察御史覈提原
經該造冊官吏里書人等嚴加追究作弊正
犯從重問擬發遣督造官員即以罪黜退

仍將司府州縣掌印正官問擬應得罪名照
例發落庶版籍皆知所重而攢造不致有違
矣緣係重版圖以固
國本及奉
欽依户部知道事理未敢擅便謹題請
旨等因於嘉靖七年十二月十二月該本部尚
書梁　等議擬具題本月十五日奉
聖旨是版籍重事近來各處官員多不行用心
督理便依擬著各該巡按御史備行各布政
司及直隸府州每遇大造之年嚴督有司用
心依式整理令後再有似前違例違式參亂
作弊仍將經該人員係法徑問追究駁冊改
造勿得故違姑息欽此欽遵抄出送司案呈
到部擬合遍行為此合咨前去煩照本部題
奉
欽依內事理欽遵查照施行

南京吏科給事中柯相

奏爲乞定委專官以救版圖極弊事照得人民十年一大

造黄冊里書吏胥弊詭行爲奸弊百出之變亂

戶籍出埋沒軍匠也飛灑稅糧也詭寄田土是

也漏報人丁也隱冒產業也那移里甲也是

數者今之所謂弊也而非臣之所謂弊也臣

所謂弊者一曰紙張粉飾也二曰數全餘冊造

也夫紙張粉飾則紙易蝕無則問易朽冊

既朽矣前項諸弊向由而稽考則查造則

改正之冊未完攢造之冊茍至新冊議丢事

務浩繁非惟舊冊難以復對抑且新冊無憑

查理前後妨閣誤事非細臣所謂二弊救之

各項害事尤甚有不容不以議爲者臣又查

得弘治正德年間張亮何亮等亦以紙張粉

飾相繼具奏節該戶部題奉

欽依成論諄諄夫何弘治五年十五年江西黄

後湖志 卷之十 上三

開卒以紙張揜飾乘蛛而褰者居十有三四至正德七年又不啻十之六七迨今補造未完尚餘十之二三以故嘉靖元年各省黃冊亦得閱歷效尤則鉅愈甚其致冊稱違限官等亦嘗言之何亮易贊等又從而申言之議部亦嘗題奉
欽依通行查催矣既而該年繳冊遲違固若有差至五六年七年入年甚則仍與新冊相兼而至本湖維艱經照例參行各該守巡等官查提問罪則又以實未專責類多姑置聽其多方駮詞規免罪之名上下丞習彼此推諉成一故事矣此因弊之登滋而民之澆風日盛扇也嘉靖十一年當天下大造之期臣愚以爲各省之內非得人以專其事不可也非責之久任以要其成不可也非
明之璽書以重其委任不可也但各處台布政使左右參政年勞及此陞遷類速難以委任思得各參議在任頗久相應專委合無比遣

各處提學根飭與備騎擧許官制司請
欽各一道事委參議各一員管理南川撫按衙
門不許別項差占仍則理其冊詢訪弊
源大造之年專一往來巡督所屬冊籍前弊
乃各先具職名申達吏戶二部及本湖管冊
給事中等官查考仍有成績具奏
旌擢以勵其餘大造未完不許陞遷如有不係
職業冊辦仍前及私受撫按衙門別委致妨
冊務者聽管冊科道官指名參
奏問罪甚者以罷軟黜退其各屬監造官員悉
聽本官自行選委不拘是何職員但取廉慎
幹濟務在得人共圖實效其發黃冊紙篇商
各官務要先斯嚴責保管取具甘結附卷線
其粉辭節問以通同里書作弊罪名仍令陪
價補造以杜弊端再照南北直隸府州縣各
合照例專委同知等官一體責成如此庶各
官利害切身而於息之念自無[illegible]指成勢而
蟠結之奸可消亦治道升降一變也爲此具

本謹具奏

聞

事例

七

嘉靖十六年 凡一條

十月給事中曹邁主事艾希淳等題爲乞

聖裁以蘇民困以求治安事 題門臣等合准奉本衙門開劄管理

後湖黃冊例只

祖宗深謀遠慮藏天下冊籍於後湖中洲雖普

天率土日照月臨之下凡有田糧戶籍者靡不負版于斯誠金匱寶冊之勢而億萬載靈長之業也然自

皇祖經營以來天下黃冊每拾年壹次造送後湖收貯本湖亦每拾年添造冊庫叁拾間每庫叁拾間添補庫大壹拾名看守晒晾洪武

以後至成化等年陸續編取在京上元江寧貳縣共該肆拾伍名弘治拾捌年以後至嘉靖等年陸續編取在外溧水高淳等縣共該伍拾叁名每夫壹名每年費工食銀捌兩伍錢在京縣者壹季壹次更替在外縣者壹年壹次更替至今百陸柒拾年凡此重差未嘗壹以然年且近年以來南方水旱蟲蝗民窮則盡加之然後須苛愈不聊生臣等每會文移更換庫夫祇見官困於追併民疲於應當解自京縣者老羸殘疾解自外縣者孤苦伶仃往往到湖印染重疾京歸常泣不乃見問且以天下冊籍之重而偶困壹方之民之力此大事理之難解者也別

皇圖萬載曆數無窮將來冊庶愈添而民差愈重行臣子壹日之責者其可坐視民瘼而不爲

陛下壹陳之耶臣等愚昧竊計本湖驛查天下[illegible]應用官吏里書[illegible]銀兩陸續

也應天府貯庫臣等欲得比照正德玖年給事中史魯等題通融查冊費用以蘇民困事例凡百費用乖之本分之中求之見成之內不擾生民不利壹夫而所足爲經久可長之業擇前項庫夫盡行停編行令上元江寧貳縣招募京城役實有根年額少壯之人承條本身存里降供結照依原定名數責令過湖應當夫差每月每名應大府給與寄庫銀陸錢食用以後年分添編庫夫亦微此例途存底幾民之空閑者利於工食樂趨事尚無椰禁之嗟日以天下之財供天下之費而壹方官民不以天下而獨苦也矧南畿根本之地正當休養培植之所而乃困之以多役疲之以重荼里甲之辨每參年壹輸比之在外州縣拾年玖空者已相懸絕矣此犬馬愚昧之臣所以特抱隱變而不容已於言也易曰通其變使民不倦神而化之使民宜之此正

下令日之所以
前裕後而雍熙無疆者也加蒙
下戶部議處施行識民幸甚天下幸甚等因
該通以使司官奏奉
該戶部看了來說欽此欽遵抄出到部送司
參查朱為通融查冊費用以蘇民困事正德
玖年以月內該南京州科等衙門給事中等
宮史粵乍迺作陵賞從為大查正德未年黃
四費用令竹數多若不通融議處不免偏累
上元江常戒將之民乞要通行各市政司及
府洲縣凡係在冊行下戕罰銀兩俱解南京
戶部轉發應天府承時以備後次支用等因
該本部議撥通行天下各該撫按官轉行所
鎮司府州縣自文書到口但有因沒部青冊
追閣官吏人等賦罰紙價銀兩俱解行京戶
部轉發應天府收時以備之用不許三補侵
[redacted]以後每還大查之年壹依備送題奉
皇帝聖旨是今後都照請例行欽此已輝

冊行欽遵去後今該前因通查案呈到部看得南京戶科等衙門給事中等官曹邁等題稱天下黃冊每拾年壹次造送後湖校點未湖亦每拾年添造冊庫叁拾開每庫叁拾開添會庫夫壹拾名在守門晾洪武以後至成化等年壓續編此在京上元江寧二縣共該捌拾伍名弘治拾捌年以後至嘉靖等年陸續編貳在外溧水高淳等縣共該伍拾叁名每夫壹名每年費工食銀捌兩伍錢在京縣者壹季壹次更替在外縣者[illegible]年壹次更替近年以來南方水旱蟲蝗民窮財盡加之賦役緐苛愈不聊生要將前項庫夫盡行停編行令上元江寧貳縣招審京城的實有根年貌少壯之人正據本身并里隣典結照依原定名數責令過湖應當夫差應天府將寄庫賦割紙價銀兩每名每月給與銀陸錢食用以後年分添編庫夫亦傚此例壹節為照南京後湖收貯天下黃冊每壹大造則必添造

庫房當添庫房則必添編大夜若止於上元
紅字商序等縣僉派是以天下之冊獨困壹
方急民地方逃遇災傷里甲艱於出辦今給
事中等官曹遞等具題前因無非體圖恤民
鑿意相應議擬合俾
命
下本部務咨南京戶部轉行應天府將前項
節年編僉府大京行停革行令上元江寧二
暇招書在京備貿有根年貌少壯之人耳蘇
木卑行里齊與結照依原定名數責令過割
充當法府施將收財毀門官吏贓罰紙冊內
每名每月給與工食銀陸錢以後添編衣為
定例仍冊年將支給過陣夫食川銀兩數目
法所送部查考伏乞
學
呈給後乞
士
裁以蘇民困以永治安久奉
次
依戶部咨丁來詳事理未敢擅便等因嘉靖
分陸年拾八拾捌口本部尚書梁等具題
月貳拾口奉

聖旨依擬欽此欽遵備行到此合行前去
煩照本部題奉
欽依內事理欽遵查照施行
嘉靖十七年十一月
南京戶科給事中曹邁
奏爲懇乞
聖鑒量減復
命官員以便程途事照得嘉靖十一年分天下
黃冊節經清查駁出叢弊
陛續
奏徼外令照清查將完刻期復
命案查先年事例在湖會查官七員一同上京
復。

命臣于事之尊
君敬事之詛固宜如此然愚臣之見竊照管湖
裕事中拜主事二員原係專官常川在湖清
查其當復
命無疑御史二員司官三員俱係部院堂官臣
時劄委更替不常案牘開查以來更替過御
史司晃等一十九員更皆過各司官員外郎
主事節一等二十五員前者陸續更換去
荒臨後接管則日昔郎同後
命則以前事理非所問如非臣干事
以置之義悉已一計制行法又其秀勞漫
臣查得前京針造部器等官完年分散
奉賞準上見各布鈔原係事完鈔
命後以途次往返勞費至今停止川造冊只
不
奉繳鈔圖重務比之根鈔不同具本
欽之例斷不敢緩但比一事至用多官以行
前途處為未便愚臣之見竊欲乞

請□□部議
咨管湖給事中一員管湖主事一員前去
飭
命其餘部院劄委不常管員通行裁革則事益
歸一途費不貲
皇上之所以役使臣下臣下之所以恪終
王事各得夫情法之宜可以行之永久而無弊
矣等因奉
聖旨戶部知道戶部覆題為照役
國家設立南京後湖收貯黃冊專選戶科給事
中及戶部主事各一員會同南京各道御史
二員及南京戶部司官二員相兼□□清查
重版籍均平賦役所以為民之各□事□關
闕復命係是先年舊規管湖給事中主事責在
尤專相應不□舊役
命其辦會同各官係部院照湖劄委前後員代
不常不係專管人員見任一時□行程途
往返未免驛遞煩擾委的不便既經該科具

奏相應議覆合候
命下本部移咨南京戶部轉行戶科衙門令後
止令管湖給事中主事各員察湖查京覆
命其各道御史二員戶部各司官三員通行審
省庶事體專一而驛遞亦免煩擾矣伏乞
聖裁等因嘉靖十一年十二月二十九日本部
尚書兼翰林院學士李廷相等具題十八年
正月初一日奉
聖旨是

嘉靖二十四年五月

南京戶科等衙門給事中等官塈成德等題

准爲修理冊庫惧查冊籍事略曰看得湖年貴冊每十年差造冊

庫三十間架欠□□冊求日久□□□項冊庫建造既已年深□木□難久同樹以湖氣一分役人煙附遠之久□□□三十間連一層頓廣一木蠹剝牽頁一間一間壞頭牽及一庫南京工部只於已脫去□□計□理而新朽不齊頌地愈速每每隨修□□□□所於卷無完工竊間不一苦有不未□□□刑處除新造未久久年久尚並修葺各庫□□□具傾冊已甚如永樂十年南庫等庫昔昔撤墓更新經非勞久大計凡每十年一庫架冊六舊除本萬一余庫倒塌冊籍浩繁何從安頓是不川以不壞憲乞

勑工部轉行南京工部議得已壞各庫從新
造廠舊材值存可用咸工可為遠圖毎照前
項工和頗為繁重動支該部成欄或有不足
文查得木期通年辦引各庚取正貴冊續罪
銀兩見貯應天府車除存通年本湖查冊各
頁公川外礼應釐議動支協濟庶財用有經
二程易完而籍其末類奏奉
古二部知道該工部設題肯符南京後湖冊
庫相永否數寺年新庫雖旋沿加籍庫日漸
頓紮今該給事中等官既成德等議欽更修
口徵康應所錢糧事前塌便俱應依援合藏
命下本部移咨南京工部拆照逝議事理委會
發行相勘除未經杉補不裝者照舊存晉及
量修外其羽大樂如未紫年間南庫等庫
還行查出問敘估計合川工料除會有取用
外其餘動支該部及本動前項貯到改清徵
冊舉罪錄買欽行畫募匠作修蓋完门還貯
做過工經用過物料徵白造冊

奏繳等因嘉靖二十三年八月初三日太子太保本部尚書甘爲霖等具題本月初五日奉

聖旨依擬行

十月南京戶科等衙門署管後湖事南京禮科給事中等官游震得等

題爲及時疏濬禁湖以慎重圖籍事題曰看得本湖周圍約四十里湖面生長蓮菱已將周匝不推根瀰破古土泥而每歲經霜之後枝葉黃落皆復入水成泥日漸於壅以致水淺去處人立及膝况當蓮菱成實愚民見利冒禁竊取雖嘗痛治終不悛改乃擄行船過湖每亦阻淺不便查得先該南京戶部廣西清吏司主事鄧深於弘治六年奏

准戶部覆題內開查得所淡湖產蓮菱致人竊

不因而竊何照庫合准除去以杜不虞等因節奉
孝宗皇帝聖旨准擬欽此欽遵經今五十餘年
已除復盛勢亦宜然臣等訪得蓮菱遂春發
生未出水面及時剪割則不復生且易爲力
伏乞
皇上垂念圖籍所在關係重大乞
勅工部轉行南京工部會同臣等計議當春生
之初先將蓮菱剪割候秋水淺涸船行倘復
如舊幽難仍議剪行撓濬以便過湖自後蓮
菱餘根雖再生長仍許管湖官員多則發文
南京工部少則量令在湖人役依時除去庶
幾
禁湖肅清而圖籍之藏永有攸賴矣奉
聖旨工部知道該工部覆題爲照後湖年久未
濬以致蓮菱堙塞不便關防委應乘時修濬
合俟
下移咨南京工部會同各官踏勘作何

剪除使菱芡稀疎反何修濬淺湖水深蒲仍
議處幾年一次修濬着爲令甲以息煩瀆等
因嘉靖二十四年十二月初二日少保兼太
子太保本部尚書甘爲霖等具題本月初四
日奉
聖旨是

附行南京工部照發看得本湖荒洲淹沒有
至舊洲登岸去處淺潤尤甚船難行汁長
四十五丈闊方挑濬各該橫闊二丈隨用篙
維採入水底俱係堅土議得合用長柄鐵口
畚箕入水鍬掘起出於土即用小船長批
濬之法無出於此但照春水漸長姑俟秋後涸
會議興工至於除治蓮菱一節看得湖面甚
闊用功艱難訪得蓮菱逢春發生初出水面
一經剪去則不復生擬俟春深蓮菱出水之
際姑從便近一二歲如前剪除如果再不發
生然後依前通議除治其該部題稱合議幾
年一次修濬着爲令甲以免煩瀆一節看得

湖水盈涸不常蓮菱生長稀密亦難預定必
難必限年數唯當此後凡遇應該修濬等項
本湖查照今奉
欽依事理移文貴部煩爲施行不必再行題
崇以致頃潰所據今議興工挑濬及於湖面一
二處剪除發生蓮菱二事合用人工器具合
煩貴部查照施行

南京戶科等衙門署管後湖事南京禮科給
事中等官游震得等

題爲銀兩不充權宜區處乞催補還以廣備賑
德意事題曰節准南京工部手本爲公務事內開准工部咨開刑部南京供應機房織造
上用紵絲紗羅織金彩粧心撒膝襴胸背花
五爪龍計一千一百四十五尺該用新料金

緞紵花等物織染人匠工價照依市時估
約估通計該用銀一萬七千八百七十八兩
有零該本部前書胡□等具題工部覆議合
於應天府□□後湖贖罪銀兩照數借支徑
送織造應用等因遵奉
聖旨是欽此□□□□□錢□□等查得洗
為陳邊務以裨□□□□準南京戶部手本
該南京刑科等□□給事中等官張□明等
會查得本湖上有餘銀一萬七千八百七十
入兩二錢八分九釐二毫□絲一忽其以動
支巳經戶部題行發還應□之數請又覆題
為地方九旱未償高貴懇乞原借銀兩以備
緩急以全民命事節該總理糧儲兼巡撫都
御史丁汝夔題前事該本部坐撥前銀存留
在庫聽候巡撫都御史丁汝夔會同巡按御
史領回發賑等因咨行南京戶部備行知會
並係經節奉
欽依事理似難再議惟查得先為成造祭服袍

報等件事據應天府經歷司呈稱該府爲前
事備具工部具題暫借本湖項下銀一萬五
千兩給發繳造去後查據原呈開稱蕪湖稅
阿銀兩補還令照前銀借去月日頗久量已
咗納解到相應所用備由回部去參違准該
部十本仍爲前事關稱節准該棧分得帖催
所潤泥十分緊急相應先行給發該儀旁買
扌當達答蕪湖掏分向銀至日經解該州收
倏衛啄陳下村淚等因又行到湖臣等看得
試道事下
用淤喉事到民患況俱奏行前項
欽依箴難以此驗彼語等發候費滿
明旨爭日欽遵施行而該部該以指誤
上刑事埋緊急將
命冱逐動經凡除隨查蕪湖洲分撤應還前銀
總上麻到一下兩除行該部查催蕪湖銀兩
而求伐濟外原等權宜區處濟於本湖項下
時餘銀款內一面借用七千八百七十八

兩二錢八分九厘有零給發濫造其戶部除
坐存留備賑一節除將數內見在一萬兩行
貯外亦行查催蕪湖合還銀兩解補足數再
照南京工部所備該銀一萬七千八百七十
入兩有零今蕪湖合還銀兩止有一萬五千
尚欠二千八百七十八兩有零合行南京工
部另議處補以足糧造之用除已備行支取
及催解去後臣等竊惟後湖遞年書手庫匠
工食行紙劄筆墨解冊箱櫃鹽纏各項支用
浩繁先年俱取足於應天府入藥日久費多
民不堪命其後另議查取各處駁冊紙贖行
之今數十年漸至前項儲積者得先該給事
中等官張來明等查取本湖項下豈動銀數
括刷頗嚴今扣所存止銀三萬八千餘兩見
在修理冊庫重大工役兼今大查該用不次
動支分款扣算已疊不敷今輪造冊各處經
駁罪米遇經
有免將來解到銀兩益少而本湖支用自難省

免雜再支借照得臣等前項通融等處情辦
爲不得已事已涉於那移動得江南應天等
府地方秋收甚薄賑濟事宜實在緊急若蠲
湖銀兩不爲即解到則將乞從慮給臣等依
蘆課事之罪豈可遑乎伏乞
皇上飭該部等不得已之情申
勅戶部備行工部及南京工部查催蕪湖抽分
駁合還銀兩作速解補既得以宗織造復河
不[illegible]賑恤其一萬五千兩數月織造不足之
罔行從南京工部另行處補今後本湖銀兩
非餘月之積餘不許轉擬支借庶幾財用各
足而事濟矣奉
聖旨戶部知道該戶部覆題爲照前負受挪濟
羨餘銀先該本部議擬此爲濟邊又留爲救
賑後該工部借支又爲給發織造各省事情
係十
國用民隱題奉
欽依俱非得已今既經給事中游震得等通融

題一□不該
供一則備恤民實應盡得宜一則無所妨所濟多
湖抽分廠合還銀兩相應俟命合候
下本部移咨工部及南京工部行令□□等受
震得等今奏內事亦將蕪湖抽分隨□添撥居
催完解赴應天府庫收貯動支備支之數隨給
撫按該衙門查取張濟夫用其工部借數外不足之
數該部另行從宜處補不必再行借支應接
供不誤而民困亦少甦矣嘉靖二十四年十二
月初四日本部尚書王杲等具題本月初六日
奉
旨是

嘉靖二十五年凡三條

二月南京戶科等衙門署管後湖事南京禮科
給事中等官游震得等

奏為鑄換關防事

照得本湖原蒙
欽降管理後湖黃冊關防一顆係天字六百八十號於正德十六年十二月造給自嘉靖元年六月初九日接到收掌用使到今二十五年累文摸糊以角平斷切緣前項關防係干本湖揭查天下黃冊軍民戶籍田地稅糧駁出數弊關造去冊
奏繳及行各該司府衙門清冊并催到各處查理戶籍丁產及本湖錢糧出入等項文移鈐記用使事務關繫若了具奏
請換去累不便如蒙乞
勅發部從新鑄換所用便益俟斷印至日另將舊印
奏繳為此謹具奏
聞伏候
聖旨

十一月南京户科署管後湖事南京禮科給
事中游震得
題爲欽奉
聖諭事畧曰先該工部尚書甘爲霖等題節稱
琉璃黄河工程重大費銀須數十萬兩
臣等咨訪各議畫十條言言有據鑿鑿可
行著各該官員仰體
聖皇天眷愛地載之心拯溺救饑之切各速查解
方今祭明年寳因内計開一查得應天府收貯
後湖各司府造冊贖罷銀除織造太監李政
許支取外尚有十餘萬兩在庫合行應天巡
撫都御史歐陽必進委官於内動支二萬兩
限本年十二月終到部不許遠誤等因題奉
聖旨這所開取用各處銀依擬差官齎文前去
行令各該撫按官通查各項銀兩如果見在
[illegible]

堪動列無遠咨即便起解應用其餘事宜各
該撫同查議具奏欽此欽遵備行到湖臣即
會同內京戶部覆管後湖費貴州清吏司主
事臣□欽遵查得先為陳邊務以裨安攘事
茲南京刑科給事中張永明南京河南道監
察御史□文龍照依戶部會題事理查得應
天府庫財後湖通年解到黃冊里書紙贖銀
兩貯在共臣萬六千一百兩八錢四分四里
三毫四絲二忽隨查本湖造冊書手晒晾看
守監匠各工食及紙劄雜色公用及題
修理歷年冊庫協濟工計價銀通前四項共
該用銀三萬八千二百二十二兩三錢五分
五釐尚存餘銀一萬七千八百七十八兩二
錢八分前零題作堪動發造應用之數隨該
戶部覆題為地方亢旱米價高貴懇乞原借
銀兩以備緩急以全民命事節該欽撫副節
御史丁汝夔題該本部坐擬前項餘銀盡數
存留備倭發賑等因行開又准南京工部年

本為公務事內開准工部咨開取南京供應
機房織造
上用紵絲紗羅織金彩粧蟒撒膝襴胷背暗花
五爪龍計一千一百二十五疋合用工料價
銀一萬七千八百七十八兩有零該本部尚
書胡訓等具題工部覆議合於應天府庫貯
後湖贖罪銀兩照數借支徑送織造應用等
因題奉
聖旨是欽此欽遵又行到湖隨該臣會同主事
張烜題為銀兩不充權宜區處乞催補還以
廣備賑
德意事內開查得先為成造祭服袍服等件事
催取蕪湖抽分廠合還銀一萬五千兩作速
解補既得以完織造復可不誤賑恤等因具
本於本年十月二十四日順差冠帶舍人潘
璋齎捧進
奏去後未奉
明旨節往南京戶部及巡撫都御史歐陽必進
後月

各役文前來，開稱各處民儀緊急，差官領銀買糴，行催本湖，彰念江南百萬生靈之命，速爲查照原奉
欽依，動支發賑。又往南京工部手本，開稱燕湖銀內因平范說少解補不前，仍催先借前銀接濟織造，候後補還。今查應天府報到本湖銀兩人冊，除已陸續支過外，見在庫銀共止二萬三千九百七十四兩四分有零，扣算本數得奉戌用，尚覺不敷。恭照
明旨令貢銀兩，如果見在堪動，別無違碍，即便起解。仰推
皇上仁恩既溥，
聖智甚周，故於堪勘之中，併有遺碍之處，
聖人不忘遠之廣如此也。今臣查得前銀委有違碍，相應存留，以重圖籍大事。惟
熙明垂察。爲再照本湖銀兩，既緣戶部會題，又經科道查取，具有成冊，其歲用之繁多，與將來充積之類，雖臣於前奏已其害之，不敢復

嘉靖二十五年凡三條

二月南京戶科等衙門署管後湖事南京禮科給事中等官游震得等

奏為鑄換關防事照得本湖原蒙

欽降管理後湖黃冊關防一顆係天字六百八十號於正德十六年十二月造給自嘉靖元年六月初九日接到收掌用使到今二十五年篆文模糊四角平闊刓缺前項關防係干本湖查天下黃冊軍民戶籍田地稅糧駁出係繫備造本冊

奏繳及行各該司府衙門查冊并從到各處查理人籍丁產及本湖錢糧出入等項文移鈐記冊使事務頗繁若不具奏

請換委果未便如蒙允

徐州志　卷之十　表　二百廿五

敕禮部從新鑄換降用便岔候新印至日另將舊印

十二月南京户科等衙門署管後湖事南京
兵科給事中等官萬虞愷等
題為有司稽遲駁冊故違
欽限有碍清查事照得嘉靖年分各處府州縣造完賦役黄冊□□解□□户部轉
送後湖收架該管湖給事中遵照□□參
欽
依會同道部等官督率監生書手人等查駁
奏
發弊造冊
繳升候
命下發回各處嚴限改正各該有司遵照題
任事例自發回之日為始除水程外定限半准
以裹造完發各駁冊仍解送刷以懸項一註以
照後解查駁其定例也今照嘉靖一十一年
各處造完黄冊俱已解部送湖收架戶等補
稽著管造倒會同道部過湖督查參弊陸續

奏繳又仍駁回各處改正事亦將完但查完次
駁出嘉靖十年分駁語黃冊經今七八年之
上内有不到者致將嘉靖二十一年分新冊
總查對冊許罟管事南京戶科及禮科
分[illegible]不難成得等屢行南京戶部轉
[illegible]不報合原等又行查催外恭照版籍
[illegible]
宗[illegible]諸殷久各該有司漫不加意節催不
[illegible]事[illegible]定[illegible]人名[illegible]
致限[illegible]以致戎行来且妨得各
府州縣[illegible]役[illegible]
紙本銀[illegible]解[illegible]
同[illegible]史[illegible]查[illegible]
該[illegible]中[illegible]究[illegible]
理法[illegible]文[illegible]
門錢糧稍[illegible]行[illegible]外[illegible]司[illegible]
[illegible]錢糧重大[illegible]非次常之比
[illegible]衙門俱係總[illegible]
[illegible]江湖海[illegible]海鹽[illegible]湖[illegible]義[illegible]

東陽湯[illegible]江西[illegible]
樂安宜黃崇仁[illegible]清江新淦[illegible]
春萍鄉萬載一十五縣湖廣則[illegible]上[illegible]
昌通山[illegible]辰溪黔陽麻陽[illegible]化寧[illegible]武
攸縣益陽彭山十四州縣山東則歷城[illegible]
二縣河南則祥符長行二縣陝西[illegible]
京鎮原隆德余縣宿君伸木縣[illegible]
州定遠武徐流州咸遠五州縣廣東[illegible]連山
海陽揭陽號平四孫廣西則[illegible]
縣鄒州府之悉江上林三縣直隸[illegible]河間[illegible]
河間阜城縣吳橋寧任丘交河興濟青縣靜
漁寧津故城縣州滄州鹽山景州東光南皮
慶雲縣三州一十六縣俱係嘉靖十二
年分冊不到伙乞
下戶部行各該巡按御史查
打發各承行官員并各吏書依
限內作急解送南京戶
部轉送後湖

奏施行緣係有司稽遲取問故違

欽限有碍清查事理未敢擅便為此具本謹題

請

旨

嘉靖二十七年正月 凡二條

南京户科等衙門給事中等官萬文彩等

奏爲清理黄冊事奏一臣等各衎奉本衙門開欽前事已沒南京户部奏准

南京户科等衙門署發司户內京大科給事中等官三生等文開稱嘉靖十一年天下有司府州縣衙門攢造賦役黃冊陸續解到例該查照各行各門廢弛書人等間知法度作弊多端乞

勅該衙門行移南京都察院照例選差監察御史二員該科給事中一員户部委相廳員木郎中主事三員與舊冊主事共四員前往新京國子監實歷監生三百五十名照例過湖清理各該委官督同監生務要各秉公心逐一駁查以革姦弊等因奉

聖旨該衙門知道欽此嘉靖二十二年九月十

日准户部尚書王□等覆題本月十六日奉
聖旨是欽此欽遵備行前來案照先該給事中
徐□題內一件重續冊以徵發式事開稱天
下黃冊清繁一將查對不精而南直隸浙江
江西湖廣福建四川廣東廣西□□□弊之至
多者其□流作弊人户數口動盈□丁口此
大待□完道類造時畢門已越五年有餘行
□遲開改正另□在及之間人有數年則與
□□相次而來□雜查對乞
將户□□移文南京户部轉行各該管府官員將
□□弊妥其履先行查對果有茶詭作弊明
驗照造務□一□□二履得定則便差人□
遊□時追問改正候通完之下類造總冊前來
命等因該户部依擬覆題奉
孝宗皇帝聖旨是欽此欽遵外依奉□同監生
謝恩等將順天應天二府并南北直隸及浙

江等十三布政使司嘉靖二十一年分賦役
黄冊委官駁查中間埋沒詭寄等項姦弊已
經陸續備造駁語文冊具本隨差辦事官吏
齎
奏繳部外續該南京戶部手本爲懇乞
聖鑒量赦復
命官員以便稽違事准戶部咨於戶科抄出南
京戶科給事中□□奏前事奉
聖旨戶部知道欽此欽遵等因部所得奏稱
在浙會查黄冊□□員一□□
命行程未便之□□□管湖給事中及主事後
命一節爲照代
國家設立南京後湖收貯黄冊專選戶科給事
中及戶部主事各一員會同南京各道御史
二員南京戶部司官三員俱□清理□慎重
版籍以平賦役所以爲民也各官事□□
關□
□係是先年舊規管湖給事中主事責任比專

但應照舊從
命其通會同官吏部院揣與酌委前後更代不
常不係事管人員况七員一時同行程途往
從未免驛遞煩擾委的不便既經該科具奏
前來相應議處合候
命下本部備咨南京戶部轉行戶科等衙門今
後止令管湖給事中主事各一員依期赴京
候
旨其各道御史二員戶部各司官三員通行停
止無事體歸一而舉選亦免煩擾矣伏乞
聖裁等因嘉靖十七年十二月二十九日本部
尚書燕翰林院學上士廷相等具題嘉靖十
八年正月初一日奉
聖旨是欽此欽遵擬合通行等因除欽遵外今
照此完例該從
命爲此令仰前查過關應天二府并南北直
隸及浙江等十三布政使司查同駁出合問
原問該官吏里書人等并舊管實在戶口事

產田糧等項數目造冊解部具奏　聞奉
旨該衙門知道

南京戶科等衙門給事中等官萬文彩等
奏爲革流風以防壅蔽事今日院等各准咨卞衙門關劄該南京戶
部手本廣西清吏司案呈奉本部送准戶部
咨該本部□□門清吏司案呈奉本部咨於
戶科抄出南京廣東道監察御史韓一本奏
奉南京都察院劄付前都察院咨該本院題
內兩刑科抄出刑科給事中羅崇奎奏前事
及南京戶部尚書閔備奏爲稽□後湖□貯
銀兩以節濫費事各劄到院爲照後湖於年
銀兩卷案在南京戶部收支在應天府并原
奏各開一應事情一供在夜中合無備冬南京
部咨院照委御史一具查中事內久卷將後
湖冊年前項錢兩舊管新收開除實在逐項
備細數目通查明白開造具奏施行嘉靖二

十左年九月　十二日太子少保都察院左
都御史周用等具題本月二十五日奉
聖計是法銀兩著後資查明具奏欽此欽遵合
咨前去有照無行等同刑院查得廣東道監
察御史歸一有在任相應行奏令例本官照
紂事理通合門行其奏施行等門滿劄刑臣
欽逃備行息人許申取廣積庫豚年收支後
謝張所遂舊發委□省紀歷張聽對款清青
防分別陛兵許符語衣關除貢在衛細數日
迷冊緣部前未文紀丁交江布縣上濟造循
委還一選行清存並照段旨情弊并官吏人
等不紋狀開結狀行出到臣印院細查明日
與前無貝有得後湖查冊費用久無積貯蹉
取給上元江寧二縣後因遞年冊事院多歲
用日廣民力不堪月正德十年該南京刑科
給事中史魯等題
祖戶部覆題節議查取各處贓正貢冊果贖紙
價銀兩解送南京戶部轉發應天府貯庫以

備後湖歲用等同衛經通行布門可德十一
年七月三十日起至嘉靖二十四年十二月
終止共收各廠節到課一十六萬八千五百
四十六兩九錢八分八厘七毫七絲六成色
金一兩洪錢鈔六十三貫銅錢三百二十九
家開除銀一十四萬一千二百一十六兩八
錢一分五厘一毫一絲一忽實存銀二萬七
千二百三十兩一錢七分三釐六毫五絲九
忽六成色金一兩六錢鈔六十三貫銅錢三
百二十九文存留應天府附庫後湖一應給
與書手庫匠工食并紙剳修理等項之費俱
該府撥着湖給事中等官明文該自動支原
不閱印該部文卷查該部前項銀兩止有入
數而無支數合無今後該府准到管湖給事
中等官行文支過銀[illegible]每一年終差管庫官
支赴該部計銷管湖御史中會同管湖主事
仍每年存止月類將往前一歲收支過銀兩
并實在數目備造文冊具本

奏繳庶該部代將出入之數俱明而彼此不致
有誤緣奏等因奉
聖旨是該部知道欽此欽遵抄出到部送司案呈
到部看得南京廣東道監察御史韓一布題
稱後湖實在銀二萬七千二百三十兩有零
令後湖支過銀數每季終差管庫官吏赴
部注銷管湖給事中仍每年春正月將在前
一歲收支過銀兩并實在數目造冊
奏繳係一節相應依擬以後率以為常則錢糧
互相覺察奸弊亦點總便等因具請二十六
年閏月十六日本部尚書等具題本月
十八日奉
聖旨是欽此欽遵合咨前去煩照本部題奉
欽依內事理欽遵查照施行等因咨部送司案
呈到部看得轄行管湖給事中但同本部主
事查照該部裝過各
依內事理欽遵今係正月將在前十歲收支過
銀兩并實在數目造冊

於繳缺冊一本送部查考以憑稽查
庶常等項以供造冊二十六年三月二十
備行利湖廣此今將應天府收貯一本湖寺
銀兩向南京廣東道監察御史收貯一本右查
過嘉靖二十四年十二月終止數目作為舊
管其嘉靖二十五年正月起至嘉靖二十六
年十一月終止收支過銀兩并實在數目通
類開坐造冊謹具奏
聞奉
聖旨該衙門知道。
嘉靖二十八年凡三條
正月南京戶科等衙門給事中等官蔣文彩
等
奏為陳愚見以除積弊以重國儲事奏內等款開事

必發發刑〇有以修葺之而宜官斯整矣法
以必玩玩罰必有以變通之不浚法所善矣
職而不知河所不言奚以答
隱而教□侯部郎淮
出高宦帝定諒金陵之初即建冊庫于後湖
中列以取天下次籍以防火盜藏密森遠
慈盡舊盡夫
票以來法制精滿恭何歲久人玩弊生亦理
才六所必至者出等係管冊官員其於冊籍
人份乞可從貢邑處祈慮心詢訪遵照舊規
亦久舉行不敢擅便
照進以使胡聚閱抄要者條陳四事上塵
覽附可條擇之
該部再加查議
陽施行冊籍幸甚戶等年其錄係陳愚見以
除積弊以重圖籍事理未能極便爲此具本
奏

計開

一冊中禁例以警急境[illegible]年寄見[illegible]用收藏

冊籍實非一細故大十[illegible]策[illegible][illegible][illegible]須[illegible]

有榜房各一聯紅[illegible][illegible]各[illegible][illegible]備收節

行

首意榜

文榜禁約不許諸人[illegible][illegible]負長[illegible][illegible][illegible][illegible]

[illegible]越竄司窄[illegible]法[illegible][illegible]盡[illegible][illegible]人之願

日警心前不舷輕[illegible][illegible][illegible]何年造果有

損壞節經管則諸[illegible][illegible]文上元江寧二

縣修理役以二豁[illegible][illegible][illegible][illegible][illegible][illegible]甲

疲敝錢糧不充造[illegible][illegible][illegible][illegible][illegible][illegible]該

臣等巡視查待大[illegible][illegible][illegible][illegible][illegible][illegible][illegible]

門就傾頹難以支[illegible]門[illegible][illegible][illegible][illegible][illegible]

溺年久輯為芫地官[illegible]不[illegible]人心究息

甚非所以重

王言頒圖籍之意也伏[illegible]

皇上念版籍之重務憫仁縣之[illegible]苦令

後湖志　卷之十　表　[illegible]

勅工部議處轉行南京工部差官估斷重勒本
湖紙贖銀兩如法修理以甦二縣之民
因通將前行榜例修飭張掛仍乞
天語可俾兩行南京都察院申明禁例如有故
違聽管冊官參究治罪庶
三言重而民困少甦觀聽一新而人心知警矣欽
聖裁
之
一之官房以便責成召管查得本湖趨捕
發役例設前京東法二港兵馬司并審
陽太索攻馬下戶所冬基官一員帶民
行佐電十什分急上什人等書夜往來
添沙之於遂木決令學馳官籍四司兵
不之心西涉重杖長其大火甲差發冬
家聽事漢大役從周符之恣罡記各胡
谷民道門法為人等流決找抹不行得
撫兵服其至冬集湖交白文涇水而進
因所究問者府之甲修轉帝痛治終不

後改管湖巡湖官偷惰推諉成一故事
是以欲禁之而未能也先作南京戶科
給事中楊儀建議欲沿湖修築墻垣以
杜不虞南京史科給事中彭汝寔又欲
建議淘濬湖泥取其高土以爲岸以
傾防守工以爲大計奈者之日多也俱
經奏
準擧行但以築墻則不免多費疏濬則不免勞
民是以中止耳頃等查得築墻疏濬而
無人防守亦難以止人之違禁與其勞
廢以與工孰若簡便以完事乞
勅工部疏處轉行南京工部不必別有設作止
於東北二城湖口附近適中去處量設
官房各一所公用木植磚瓦亦量動
本湖紙贖銀兩買辦木料撈房官房二
事修建之費不及者下東匠一二月工
食所費不多旬月可完所當急爲整理
行令巡綱官兵各照地方分番止宿以

使爲責二十九舖火甲人等查照舊規
不時巡緝遇湖泛過湖日期巡湖官俱於
湖口盤檢覺察姦弊如有再行詢情推
誘及嘗求別項差遣致廢本等職業聽
管冊官參究治罪庶不失
兩院欽差官巡察漢重圖籍之意而於政體民情
實爲兩便矣伏乞
聖裁
一收駁冊以備大查臣等查得本湖舊例
赤埋黃冊駁出理沒詭寄飛走等項姦
弊類造文冊附注續
造青冊轉發奏造衙門照款改正解送
南京戶部轉送從[illegible]清冊官處查將改
正過戶籍因揭緊關緊節填註冊而以
備查對及將收正過丁試貴冊次下印
記駁過以免後次而查未有同其填寫
罪節而送行擊冊棄而不用過後因菅
冊府更式不常書手作弊人參緣此爲

有自用拆開分寫任意冊□奇□□作
阡日計工月濫錢糧典籍之依□□案
影以武彫或盜出以洩事情詭弊罪
管具事給事中將處隱匠等詭得濫
庫數冊不存以至大查年分□過冊籍
不明等項無從稽查甚至重役叅較奸
問人罪者於之除將令次照□行之申
匠收部外但前弊相沿日久若不嚴加
禁治卡免有誤將來查攷之

勅戶部

議處轉行管冊官令後各處解到駁冊
除照舊填寫印記外仍要嚴令庫匠與
同前照一處收架永為備照不許隱遺
稽慣書手匠役前蒙蔽以滋姦弊匠等再
照本例庫匠錄名□聽實有典守冊籍
之責關係非細今無嚴行上元江寧二
縣帶印官今後叅備庫匠務遵先年給
事中等官曹邁題

依事理

招審京城坊廂里圖的實有根年貌少

壯之人充當如再縱容該吏受財作弊
致將四方無藉之徒營幹頂貼捏作寄
籍朦朧朋送俱聽管冊官參究治罪庶
查對者有據典司者知謹弊源爲少塞
矣伏乞
聖裁
一議書手以節冗費臣等查得本湖大查
天下司府州縣賦役黃冊取用書手二
百餘名相兼國子監監生三百五十名
清理查對并造冊
行備照等項事務浩繁必用人多方能
完事此與集簽別議也惟大查事畢之
後止有填寫駁語冊節一事案查往年
有用書十八九十名者有用六七十名
者有用四五十名者每名每月工食銀
伍分遞湖書寫經作不絕原無定數定
規以致人皆鑽求進冊中間不無濫費
工食況今大查事畢清出姦弊[illegible]經致

行各處防汛去後但文移有案後不同
道里有遠近不一時卒難盡詳臣等
查得今次駁冊雖有解到不多俱責書
手以應奮行停止以省錢糧之
勑戶部議處轉行管冊官令敘大查事畢將書
手停止一年之上以待查催各處影冊
解多之日照用二十名過湖冊寫以
仍分爲二班無事則過令來外加有餘
庫冊稽查亂誤於看詳庫匠內除選諳
字者量給工食令其就便清查庶不至久
用書手過湖仍要嚴立計工程考期則
不許聽其延日虛費又放長假在外生
事騙人各書三十名內如有事故或被
罪黜名缺亦不必僉補以滋營謀頂賄
之弊庶過湖有定規而冗濫者有所省
書手有定數而額外者無所容矣伏乞
聖裁奉
聖旨該部知道嘉靖二十八年四月二十九日

該工部尚書文　等罷題一中禁例以警
忌玩　前件　看得南京後湖收藏冊籍大下神
策門外俱有榜房牌亭備載
旨意榜文禁約諸人無擅漁拔泄越瘕何等項
所以防姦弊重民數也今榜房牌亭年久闕
堦以致禁例廢弛委應修葺但合用工料北
令上江二縣里甲出辦地方衷啟苦下備累
造作未免苟簡工程雖以經久今祭事中萬
文移部咨議前因該房有規相應依擬合伕
命下本部咨行南京工部將前項榜房牌亭差
官仿勘合用工料數目動支該湖紙價銀兩
如式節上完通得節行榜文添飭張掛曉
咨南京都察院中門禁例如有故違者伕
冊官奉旨與浙所於令嚴示照功諭夫錢
聖欽一故官房以便責成前件看得南京後湖不
設有巡捕官兵往來巡察渙照頃所守城不
處也奈何歷年久遠人心玩愒巡捕哨瞭漫
密經心以致抽方居民無所顧忌敢干罪禁

積弊已甚，委宜申飭。今給事中萬文彩等欲建官廨以便督責，議處停當，相應依擬。合候
命下，本部移咨南京工部，選委司官一員，帶領匠作人等於東北二湖門附近大處相度地方一區，量動該湖紙贖銀兩，應計工料，建造房一所，聽委管冊官行令巡捕官兵各照地方分番止宿，督責各鋪火甲人等，查照舊規，常川巡緝。遇該造湖日期，設加人盤詰。如有仍前偷竊發事者，聽管冊官指名參究，從重治罪。庶姦弊無所容，而圖籍亦有賴矣。伏乞
聖裁。奉
聖旨：准議。欽此。嘉靖二十八年三月二十四日。

該戶部尚書夏　等覆題：一、收驗冊以備大查。前件看得丁田有盈縮，惟憑黃冊以稽其數；黃冊有差訛，又憑驗冊以覈其實。若大查之際，後驗冊不加收藏，則重造之年，丁田何所考正？至於庫匠為役雖微，其在冊籍所關甚大。邇有編差，尤宜致與。今給事中萬文彩

等要將各府州縣解到駁冊嚴督庫匠與黃
冊一併收架以備後次查照毋令書手通同
作弊盜泄事情毀棄版籍等因卷查嘉靖十
六年十月十八日該南京戶科給事中曹邁
等題為乞
聖鑒以蘇民困以求治安事該本部題
准比經行令上元江寧二縣招審京城的實有
根年就少壯之人責令過湖應當應天府將
收貯駁問官吏以贓罰紙價銀兩每名每月給
與銀依錢食用以後承編庫夫永為定例通
行欽遵去後令併奏前來相應依擬合候
命下本部滿咨南京戶部轉行管冊官員務督
單[illegible]收蔽駁冊不許吞今皆手將自拆毀混
職形張以致空役將發生弊害人行行上元
江寧二縣務漂蓆例編無串大亦不許將外
有積年蠹徒[redacted]冊點冊白後少清查
者有所奸典[redacted]得人遞[redacted]積[redacted]者無所容矣
伏乞

擧
裁一減書手以節冗費前件仍件後[illegible]黄冊
十年大查而過湖書手遞作聽用去其人查
之所核者丁田冊籍之弊原編人役之間於
輕議及其查完之後所待者州縣駁冊之下
原用人役自宜停減但有弊指錄調停無決
盤據既久冗費實多令給事中萬文彩等欲
於大查事畢將書手停罷一年俟各處駁冊
陸續到日量用三十名過湖填寫仍照解冊
多寡輪班赴役無事隨即放回在外照依若
選修庫冊籍紊亂只責庫匠就便清一序前項
書手不必濫用過有名缺不行僉補一節
寡節財誠為有見相應依擬合候
命下本部備咨南京戶部轉行管冊官員將過
湖書手立為等則駁冊未至則留用數十名
盡行停止駁冊續至亦止留二十名以備查
謄清理則吏匠可代名缺亦不必補全庶幾
事體有常而財無耗蝕之弊名數一定而人
少鑽剌之姦矣伏乞

聖裁奉

聖旨准議欽此

三月南京戸科等衙門管理黄冊給事中等

官萬文彩等

題爲補造蟲蛀黄冊以便清查以祛奸弊事

案查先准南京戸部浙江等清吏司手本開

送南北直隸并浙江等布政使司各府州縣

及土官衙門嘉靖十一年分嘉靖二十一年

分黄冊到湖除收查外廣州府等府江西等布

政使司南昌等府南昌等縣各年分黄冊

間蟲蛀甚多隨令監生吏書庫匠人等逐一

比對點檢除不蛀好冊不開外其不堪者查理

黄冊或一縣有十蛀八九者或一縣有蛀一

半者或累縣全蛀者或有已經題

准補造解到不久而例又蟲蛀者紙張如捻灰

末成堆都圖丁產蛀蝕底冊難以稽記但經

一揭紛紛而碎臣等竊見洪武永樂等年老

後湖志　卷之十　四十三

數　　圖覽行

冊經今百七十餘年中間雖有殘缺損見在
黄冊紙張發面尚多如舊未有蟲蛀如此之
若書推原其故蓋因先年法例嚴明人知畏
擢紙張無粉俱堪經久收貯近年雖有節經
壽奉
依啟行補造素何各該經造官負明知版圖
直務往往規爲虛文不行用心督造任憑吏
習里普、等沈法欺公故將粉蘇紙張貴造
絕調啟同禁釘尚未及數年之閭蟲壹易生
出總塵誤以穀無憑查考希圖目後作弊侯
攬百端詰不戶行嚴加禁治另行備造不惟
巳往者逵其發計抑且將來仍各差尤甚妨
計如崇伏堂
上欽念陟圖重務乞
戶部轉行戶西并廣西湖廣等布政使司各
併後開府州縣所屬鄉都圖分縣經壞者逃
一照數補造仍行各該然按御史通將原編
司官吏里書人等隨官吏燈遵事查外其

見在經造里書人等逐一查提從重問罪及
行各該布政使司管冊官嚴督各府州縣掌
印官查照節次奏行事例不許仍用紛紙
張作急補造將對無差自文書到日為始除
水程之外定限半年以裏造完解送南京戶
部轉送後湖驗以投查收有似前該違不行
易紙攙造及過限等項情弊通將官吏並書
人等從重參究治罪如此庶版冊不致誤欽
而姦弊永革矣緣係補造蟲蛀黃冊以便清
查以革姦弊事理未敢擅便為此開坐具本
謹題請
奉
聖旨戶部知道欽此嘉靖三十八年五月初六
日該戶部尚書吳等覆題看得後湖黃
冊備載丁田關係匪輕
國初法度嚴而人心警畏故紙皆堅白歷久遠
而尚全近來法度弛而人心玩愒故紙多灰
紛朽數年而輒壞版籍一壞則稽查無據稽

查不明則姦弊易生蓋緣管造官員率視為
泛常以致措寫吏書得任其挨冊雖已屢行
禁革而實不改故習各省皆有江廣尤甚若
不嚴加究治再行禁造則吏書無所懲戒而
圖籍難於稽久矣今據南京戶科給事中萬
文彩等題稱江西等布政使司南昌等府南
昌等將各解到嘉靖十一年并嘉靖二十一
年分後湖賦役黃冊未及數年乘蛀成灰乞
要將後開各府所屬州縣里圖行令再造仍
將見在經造官吏人等通行查究從重問罪
一節有關政體罪切時務擬應依擬合候
命下本部移咨都察院轉行各該巡按御史將
後開蟲蛀黃冊州縣原造冊官吏里書人等
除陞遷事故外其見在者逐一查提到官處
重究治問擬如律及督行司府州縣掌印等
官查照原存州縣底冊及節次奏行事例務
將堅白無粉紙張逐一照數依式抄寫仍用
厚紙為殼裝釘如法作急攢造完備齎[illegible][illegible]

向來會同戶部[illegible]之外定限嚴督[illegible]
事辦送南京戶部[illegible]送後湖收[illegible]違者[illegible]
前故違遲限等項情弊定將經該官吏照例[illegible]
人等違宜重治如似忽怠宜將冊籍[illegible]於發
承行來攢造亦須謹慎矣奉
旨是

十一月南京戶科等衙門管理黃冊給事中
等官萬文彩等
題爲預建黃冊庫房慎重圖籍事　題曰照得後
湖冊庫自洪
武十四年起至嘉靖二十一年止每過十年
一次大造黃冊俱是預期蓋造冊庫三十間
以備收貯黃冊查得嘉靖二十一年大造黃
冊所起解冊庫預於嘉靖十八年具
奏今照嘉靖三十一年例該天下司府州縣
衙門大造黃冊解湖其貯冊庫房相應照例

先期盖造況今後湖新洲該建冊庫基址可
旁草木茂盛近水處所該用大石細砌工程
浩大尤須預先開豁整理及查本湖節經修
理冊庫物料往往遲延不敷應用臣等看得
前項冊庫若不預期具
奏
誠恐物料似前不敷愈加延緩臨期送冊到
湖無庫收貯不無有誤如蒙伏望
上斡令戢關重務乞
勅旨
工部轉行南京工部照依上年事例委官會
領匠作人等過湖衙勘處所并議處一應合
用物料夫匠等項如法盖造冊庫三十間并
冊架拔墊挨木齊備庶不誤期有供工程早
完冊籍其有賴矣者
旨工部知道

嘉靖二十九年十二月

官萬文彩等

題爲申嚴賦役黃冊事例以慎攢造以杜奸弊事

臣等各准奉本衙門關劄管理後湖黃冊竊惟天下國家之急務莫先于田民田民之實在乎賦役而巳矣賦役之平在慎攢黃而巳矣故冊籍之造非慎則賦役之派弗均姦豪得計良弱受害國計之所繇民生之困疲恒必由之誠非細故不可以爲緩而忽之也我

祖宗定制天下黃冊每十年攢造一次依限解送後湖查理其變亂埋沒飛走詭寄等項姦弊經該官吏里書人等俱定有罪各條例甚詳法禁甚察歷年以來又經該部查將冊式并一應合行事宜刊刻榜文圖冊頒期給發所司良法美意固巳詳盡所當遵行而不可易者也惟是因循年久法令縱弛弊遺多而

人益玩臣等查得嘉靖二十一年黃冊其蠹
弊比之弘治正德年間更增數倍且復有紙
張粉飾易生蠹蛀冊本大小高低項數款面
多有不遵式樣製造者甚非遵
朝廷興重圖籍之意揆厥所自蓋緣各該司府
州縣監造提調等官率視爲泛常以致吏書
里老人等得任其姦滑通同作弊以致此極
雖已蒙行參究而實不此故習先嘉靖三十
一年又當天下大造之期各項事例若不預
行申明嚴加禁諭加意查造未免因仍苟且
貽患無窮深爲未便如蒙乞
勅該部查議預將原定冊式並合行條例事宜
逐一通查刊入事飭謄內先則差人齎去各
該司府補刊給發所爲查照依限造報仍[illegible]
備查給事中州冊原奏錄備大造黃冊之時
下各布政司專委參議一行南北直隸府分由
受同知等官一員比照各優[illegible]

□登□□管黃冊平居則□□□□訪□
倘遇大造之年專一往來巡督所屬痛革宿弊
仍行各該撫按官員督率行待其□□□紅送
查累無停聽管冊科道官具
推擢若後遊弊如故不行用心督造致有紙
張扮飾式樣差訛違錯稽遲等弊亦聽指名
叅照例以罷軟□退□幾利害切而事可責成
勑懲嚴而弊亦少革其於冊籍本必無不補
也勑臣等不勝惓惓仰望之至緣係申嚴賦役
黃冊事例以慎攢造以杜姦弊事理未敢擅
便為此具本謹題請
旨奉
聖旨戶部知道
嘉靖三十一年　凡一條
六月南京戶科等衙門管理黃冊給事中等

官萬文彩等
題爲查參有司稽遲駁冊有礙清查乞
賜究治以懲違慢事臣等各准奉本衙門關[illegible]
管理後湖黃冊案查先爲
清理黃冊事該署管後湖事南京禮科給
事中等官謝震得等將各府州縣解到嘉靖
二十一年分賦役黃冊遵奉
欽依事理會同道部等官查駁姦弊造冊
奏繳并候
命下駁行各該原造衙門遵照節次奏
往事例照款改正自駁回之日爲始除水程外
定限半年乘造完咨各駁冊前送南京户
部轉送後湖填註以備查對今查得
隸蘇州等府太倉等州長洲等縣并福建等
布政使司所屬各府州縣嘉靖二十一年
冊經今年久未解回經發文南京户部轉行

查催亦復延捱如故俱未解到今照嘉靖三
十一年又該天下司府州縣大造黃冊之期
如直隸真定大名等府山東山西等布政使
司所屬州縣新冊遵依
限陸續解到除收候外臣等看得大查期近
駁冊未到則新冊何憑查對參照版籍
國家重事
祖宗立法甚嚴令各該有司漫不加意節催未
到即係故違
欽限若不重加懲治無以警戒將來及訪得福
建布政司所屬州縣駁冊往往稽遲多被
舊役書手詐騙里書承攬替解就彼欲幹充大
查書手不惟玩法抑且生事各該有司官亦
不查革聽其包攬延捱臨期方解致誤查理
敕法難輕縱所當棻究乞
下部轉行都察院通行各該巡按御史即將
後開故違各該接管承行有罪掌印官員并
各史書人等提問如律仍行管冊參政參議

等官嚴督布司作急造完與同新冊一併解
送南京戶部轉送後湖投查填註以備查對
如再縱容姦吏積書仍前延緩作弊聽臣等
通行參究罰治庶將來知警而冊籍亦不致
妨悮查對矣緣係查參有司稽遲駁冊有礙
清查乞
湯究治以懲遲慢事理爲比具本謹題請
六月二十八日奉
旨戶部知道

嘉靖三十七年九月
十月南京戶科等衙門給事中
題爲清厘弊明職守以重圖籍事
闕到管理後湖黃冊
惟我
祖高皇帝定賦役
以貽天下賦圖戶十年一造黃冊
所不以是爲定其則例惟年終造完類解
後湖南京戶部先期題
請
仍行管冊給事中御史員外郎主事等官
同南京國子監監生三百餘名逐一檢閱查
對冊發來理送奏繳錢糧等項額駁造冊
駁通行直隸浙江等十三省原造衙門照款
奏
登答改正解湖仍將經造官吏里甲人等問
罪立法定制既詳且嚴則可行之萬世無弊

後湖志　卷之十　四十九

矣柰何法久而人自玩例行不解益滋十年
華撰造提調等官務每視爲泛常漫不加意
以致里書人等同知法度作弊多當至於解
列之日查之非飛走明種則理沒丁產并查
亂次序則詭寄戶籍弊端錯雜莫從稽考聞
有一二州縣免脫者又或未經畫合式謄反
至駁回改造以費良
命起乃貢之高閣延之累年雖經屢次行催攷
正造解承行使管官吏又各延捱不行如期
造齎發代閘錢關署行查之間無所憑據從
壯不勝詳撥錄年拔
命玖乘風夜濟揚推忙無以仰荅
祖宗立法良式
皇上委任責成之意督民在滅書役人等一一
清理各行後開江西等布政使司南昌等府
南昌等縣嘉靖十一年并嘉靖二十一年分
重蝗黃冊及四川等布政使司成都等府僉
系等縣嘉靖二十一年分駁語黃冊已經備

行補造行催去後經今年久未據府到又查
得直隸常州府無錫縣并廣西等布政使司
桂林等府興安等縣嘉靖二十一年分在軍
黃冊亦有未造且前項冊籍補解未全見在
黃冊久已毀壞似此年復一年舊冊未完新
冊又將復造矣若不再加嚴催恐仍前怠
玩伏乞
勅下戶部轉行都察院備行臣等同
奏各府州縣違限衙門通行各該巡按御史轉
行直隸府州縣并各省府州縣等官嚴限查
催限文到半年以裏造完解湖如再延遲許
聽臣等查參重究庶[illegible][illegible][illegible][illegible]籍得以早完
清查亦不至於無據矣然臣等一得之愚尤
有不容已者竊惟事有專任然後可以責成
功前項未完黃冊催促之者非不數數也迄
今數十餘年未見完解其故何哉蓋黃冊之
成造在有司有司之督率在司府司府惟統理之
臣不專斯延閣之弊日甚以致有司篾視賤

卷之十

辦吏書人等得以任意遷延沉閣有如故紙員由管冊道未設耳臣等不必遠引竊見各省設有提學清軍屯田道夫提學之作養人才清軍之理戎政屯田之足軍儲各有專司以責任之誼臣念不可以重負也莫不思竭才力綿心積慮以專成功而釐積弊此其效可歷歷觀者況以稽係家事務殷之人才也明戊攻其事相埒可無克理之臣乎臣等查得先年該署管湖事吏臣科給事中等官何相等亦經具題合無臣等所非如詳議於各省布政司專設管冊道官一員如冊事可兼理或臣行管糧道參政或參義嚴加薪以專其任而考其功凡有司能依期造完各項冊籍聽從本官旌獎違限者亦聽其參詳問究未經造冊之年則詢訪弊端催督嚴

回改造冊籍如遇大造專一往來稽査有司
庫藏前弊仍先將職名申達南京戶部及管
封給事中等官査考務使專成事有成績如
管門道不能奏行
德意仍前怠弊縱從於此亦聽所管一冊參
奏問究其濫照依考察事例以罪按黜還點黃
有所歸冊籍永有賴矣紛停清嚴弊冊既于
以重圖籍事理爲此開坐具本差吏齎捧具
題奉
聖旨戶部知道
嘉靖三十八年志一修
三月南京戶科等衙門署管黃冊事南京兵
科給事中等官傳鳴鈞等
題爲預建黃冊庫房愼重圖籍事題曰院等照得後湖冊庫

自洪武十四年起至嘉靖二十一年止凡遇
十年一次大造黄冊俱是值期蓋造湖中三
十間以備收貯黄冊查得嘉靖十三十一年大
造黄冊起蓋收冊庫於嘉靖二十八年具
奏令照嘉靖四十一年例該天下司府州縣等
衙門大造黄冊解湖其數同庫房相應照例
今期蓋造况今後湖新洲該建閘欄基址四
歲久木茂盛近水處所該用大石欄砌工程
湖大造須預先開花整理及查本湖節經修
理冊庫物料往往遞送不敷應用臣等看得
前項明庫存不豫用其
誠恐物料缺誤不敷愈加延緩臨期送冊解
湖無廊收貯亦無存恨如蒙伏望
皇上軫念版圖重務乞
敕工部轉行南京工部照依上年事例委官帶
領匠作人等過湖丈出處所并議處一應合
用物料夫匠等項如法蓋造冊庫二十間并
冊架披墊板木齊備庶不臨期有悞工程畢

完冊務其有頹失線縫係須建黃冊庫房慎重

圖籍專理爲此具本差吏齎捧謹題請

旨奉

聖旨工部知道

嘉靖三十九年 凡二條

正月南京戶科等衙門給事中等官郭一等

奏爲陳愚見釐夙弊以重圖籍事 奏曰臣等竊聞法久則必

弊弊當求通變之宜然甚則必更貴嚴釐革之

術知法之弊而不思所以救弊之道奚能補

圖籍而剗

國朝立法之意耶所惟我

太祖高皇帝定鼎之初即於金陵後湖建立冊

庫以貯天下版圖其於防火閑禁盜賊

祖謀訏遠可謂至精至密無容別議矣但歲久

人玩弊亦有不能免者臣等係該管湖官員

除拜有防刑務毛可隨宜處置者靡不悉心
延訪次第舉行不敢煩瀆
宸聰外謹以關係本湖有裨庫籍者條陳
上奏伏乞
勅下該部再加查議如可
採擇
俯賜施行冊籍幸甚臣等幸甚緣係陳愚見籲
夙弊以重圖籍事理未敢擅便為此具本奏
聞
計開
一申明禁約以警官邪臣等竊見
祖宗藏冊後湖關係匪細東濱如太平門北城
如神策門外各設有哨專守以防衛載節奉
聖旨榜文禁約居民演牧樵採以防窺伺冊庫
法例甚嚴正欲其難犯也奈何禁弛日久
人心恬惕門近居住軍民人等貪圖細利
罔畏
明法或縱牲畜以作踐或藉樵牧以潛藏雜書

設有巡湖兵馬指揮及委官千百戶甲兵
等項員役巡邏亦皆莫能禁止蓋由臣等
僻居窎遠勢難相及又且湖内生有蓮藕
菱草等物招至小人偷盜因而窺伺例禁
遂弛人心玩忽甚非所以重籍嚴禁之初
意也伏望
皇上軫念庫籍中防前禁乞
勑該部轉行南京工部查照嘉靖二十四年署
管湖事南京禮科給事中游震得等奏
准事例計議當春生之初先將蓮菱剪割候秋
水淺涸船行倘後加舊阻難仍議量行挑
濬以便過湖自後蓮菱除根倘再生長許
管湖官員多則移文南京工部少則量令
在湖人役依時除去仍令南京工部量動
本湖收貯應天府庫銀於東北二城附近
本湖去處各起官房一所以便管湖給事
中主事就近住劄巡視本湖清理冊務通
將節行禁約修飭張掛不許附近居住軍

民人等漁牧樵採仍乞
天語叮嚀再行南京都察院申明禁約如有故
違輕則聽管湖官量行處治重則条
奏查究庶
法例嚴而人皆知所警惕矣伏乞
聖裁
議處造報
奏繳冊例以節省錢糧臣等查得本湖圖冊俱
過十年大造一次通將南北直隸并浙江
等十三省解到成式黃冊查出埋沒詭寄
等項姦弊分爲青底
奏冊三項本湖查駁造冊經年纂寫不絕官錢
所費抑且不貲臣惟底冊收存本湖以備
查考青冊仍發各處登咨回報以皆不可
抉暑獨甚解一冊過爲煩宂可況令驛遞
又經裁革未免勞費夫馬難於應付供屬
不便臣愚以爲事貴簡約財須節省與其
煩而多費不若簡而有庶乞

部時行南京户部行令管册官員今後照
選大造之年除青底二册照舊開造存發
外其於起解赴京黄册畧從簡易通加除
括止具總數南北直隸大畧不過二本新
江等省不過一十三本通共不過一十五
本照依舊規先一期類解毋再拘泥常格徒
爲耗費無益庶事從簡便而錢糧亦不致
濫用矣伏乞
聖裁
禁革不堪紙張以存圖籍臣等竊惟後湖
版籍備載户口名目貯藏册庫欲其知民
數而備稽考也其非細務查得洪武年間
經今二百年來舊册尚有存者近年以来
各處解到湖册不十餘年間即皆朽爛
蠹遂致難於稽查執册未免有殘缺遺逸
之嘆其故何哉蓋册之存與不存係於紙
之堅與不堅近該督册道官不行督率各
府州縣府州縣又不行責備里書作弊多

端座應故事致令舖戶徒以澆薄紙張苟
且塞責不思開紙所用無幾曾不及州縣
派用十之一二乃上下相欺習成弊套及
遲誤限期之駁回黑何問罪掌印官不行經
心却又聽從吏書通同作弊假以公事凡
於冊內所載人名都書行開出科斂民財
以一派百攤納紙贖之外更多侵刊肥已
是問一一罪名即與吏書開一[illegible]問也俱爲
未便乞
勑戶部轉行南京戶部通行兩京十三省督同
官并各府州縣掌印管州官凡遇造冊年
分俱要嚴督各該吏書人等務要堅白
魚鱗丁等細冊紙照式成造新冊文移內
通將造冊書手并辦紙舖戶貢冊姓名一
併開報以憑查考其有遲違罪仍令官
吏書手自行辦紙不許假公濟私以前妄
出冊票私自科斂致將故違私內則聽知
府在外則[illegible]御究治如下官不

奏究問降罰無圖冊亦賴以存而民不致受害矣伏乞
聖裁奏
聖旨該部知道欽此嘉靖三十九年四月十九
日本部尚書高等覆題看得
國家定制天下司府州縣每十年一次大造黄
冊其戶口田糧軍民匠役無不具載以稽虛
實而重民數其爲法也甚良又特建冊庫於
後湖以重版圖籍設官看理立禁防閑以隄
何而遠親害其爲去也甚嚴夫何設人玩
奸弊而漸生議有如給事中郭等所言者今
欲申明條約議處奏冊禁革之事並表條一
節無非愼重版圖隨事畫職之意
謹將所奏開立前件依擬
請恭候
上
命下本部轉行南京戶工二部等衙門欽遵施
行本月二十一日奉

聖旨是欽此欽遵

前件一申明條約以警怠玩臣等議得

國家版籍藏之後湖巡視有官禁約有榜又該

先年給事中游震得奏奉

欽依前項蕭艾抗濟於淺法例甚詳相應申嚴

命下恭候

移咨南京都察院通將節次禁約嚴加申

明不許附近居民人等漁收樵採違者許巡視

官員拿送法司從重究治其要動支庫銀

及東北二此近湖處所起蓋一官房以便管

湖給事中主事住湖後但一應應天府

庫收貯本湖官銀不知係干何等銀糧應

否動支有無足用索先二坡有無空閑地

基堪否起蓋未經該科詳開本部無從查

覆合行南京戶工二部即將應天府收貯

後湖銀兩查係何項錢糧見在若干果否

足用某以動支及近後湖處所果有空便

蓋閒地基與居民無有防害可以起蓋工
部即行議估明白徑自題
請施行如式銀兩不敷地基不便年歲不登姑
待日後再行議處亦憑該部酌議以為舉
止伏乞
聖裁
奏繳
一議廠造報
冊例以節省錢糧等議得法貴變通政
欲宜民故套變者公事不至於廢弛而民
力亦蒙於寔省矣且得節年南京解到黃
冊開載埋沒詭寄違例等弊甚為詳細所
以革奸剔弊者誠無遺法其磨勘書寫之
費轉解應付之勞亦所不免今該科議欲
再加隱栝以圖簡便以省民力亦為有見
但財固貴於節省而弊不厭於曲防若使
因噎廢食率從苟且亦非所以重圖籍也
合候
命下移咨南京戶部行令管冊官員今後遇該

各省造到冊內查出奸弊務要總括事由署寫大略須使事理詳而不繁字語簡而易曉南北直隸各造一本依期類解其餘二冊照舊開造存發則公務易舉而若費可省矣伏乞
聖裁

一禁革不堪紙張以存圖籍臣等議得賦役版籍
國之重務而禁革奸弊所當先本部造冊事宜榜內有曰冊紙不許用麪糊粉飾又曰勢惡之家不許賤買粗惡紙張囑托有司強倡里中又曰不許興局攢造科斂小民所以求堅久防蠹蛀伺奸弊意甚為詳密夫何近年以來官吏視為故事或用淹薄紙張苟且以完事或因遲錯問罪科斂以恣貪該科欲要禁革不堪紙張科斂等弊相應依擬合候大造之年於應行事宜文內嚴加禁約令後造冊務要堅厚綿張鼓

[illegible]手并[illegible]户具己[illegible]

明[illegible]供中違遠[illegible]冊官吏書于自者

米[illegible]不許便此安[illegible]票多科民財遠有

[illegible]多[illegible]按及管湖給事中等官条治伏

乞

聖裁

五月南京户科等衙門給事中等官郭斗等

題為查催駁語黄冊事題旧臣等各准本衙門關御管理後湖黄冊案查先為清理黄冊事該署管後湖事南京禮科等衙門給事中等官都清等將各省解到嘉靖[illegible]十一年分賦役黄冊違奉

欽依事理會同道部等官清查駁出奸弊造冊

奏繳并候

令下駁行各該原造衙門遵照節次奏

旨事例照款改正自駁冊之日為始除水程外定限半年以裏造完各答駁冊解送南京户部轉送後湖填註以備新冊到日查對今查得順天等府并直隸蘇州等府及浙江等布

政使司各所屬州縣嘉靖三十一年分駁問
至今尚未解到即今天下大造期近駁問未
到新開何從查對事屬有違合當參究切照
國家重務
祖宗所以綜理防範者其法甚嚴而其念亦甚
切迄今各該有司漫不加意縱容吏書延挨
作莽以造
欽張右不罷加懲治無以懲戒將來恐自此漸
賊蔡發罰籍何輒馬伏之
勑下戶部轉行都察院通行各該巡按御史
後關故違接管承行有非掌印官員并
史書人等提問如律仍行管冊參政參議
官嚴於行司作急造完送駁解送內京戶
芝後劃改查填註以所查對如聽仍前
作弊聽門等措名通冊參究詞治典司
斷禁流而國籍來頻天為此小本謹題請
[illegible]

嘉靖四十一年 凡二條

正月南京戶科等衙門管理黃冊給事中等

官陸鳳儀等

題爲乞究稽遲駁冊以儆違慢事 臣等竊惟我

國家黃冊藏之後湖凡天下戶口事產之數盡

在其中迺專設給事中主事等官以管理之

蓋黃冊每十年一大攢造其間姦弊百出必

爲之一一清查駁行改正令其依限完解不

至後時則今界之冊乃後界新冊所可憑據

以爲參對者也案查南北直隷并浙江等十

三布政使司解到嘉靖三十一年分黃冊先

該署管黃冊南京禮科給事中祁清等會同

道部等官督同監生人等逐一揭查駁出數

弊已於嘉靖三十三等年造冊

奏繳。蒙
命下發行各該衙門，照款改正。自駁回之日爲始，除水程之外，限半年以裏造完，解送南京戶部，轉送後湖，須註以備查對。新冊各該有司官員，正宜以圖籍爲重，遵依
欽限，急於改造完解，可也。奈何駁回之後，延捱三四年間，所據解到登答駁冊，大約不過廿之三四。如四川、福建二省，自嘉靖三十五年駁回，已及五年，竟無一縣解到。其他府州縣亦多類此。續該前任南京戶科給事中郭于等，以嘉靖三十九年
題催去後，迄今又過一年之上，仍前未據完解。臣等竊以管理黄冊庫，職是攸切。見各有司官經意忽，莫委於佐貳吏書人等遷延作弊，日復一日，歲復一歲，竟無了事。今歲又輪大造，五六年間，當有完解新冊者矣。舊冊不到，新冊憑何查對？誠恐隳廢日甚，弊端愈滋。圖籍之所關係匪輕，而顧可漫不加意，違

欵一至此耶又訪得駁冊不到不獨改造之稽違也雖其造完將解之日有司不擇的當員役故縱姦猾攬或勢豪人戶包替領解因而恣意營私致將駁冊紙贖人銀侵欺隱匿累年連冊不解貴有之即今山西平陽府聞喜縣差去人奏欵將駁冊解送南京戶部轉送後湖那將銀兩侵費不行交納當即棄批逃回已經行文彼處查究未報安知南北直隷與各省解冊人役其姦欺情事又不有甚於聞喜之差人者乎似此弊端難以枚舉若不及時嚴行查辦何以警戒將來伏乞

皇上軫念圖籍重務

勅下戶部轉行都察院通行各該巡按御史即將後開駁冊未到州縣承行接管掌印官員并各吏書人等提問如律仍行管冊參政參議等官嚴督有司作急造完勒限半年以裏責差該吏的當人等開註年貌腳色以防替

肯防令星馳解送南京戶部轉送後湖以便
本年新冊到日可備查對其併解到紙贖銀
兩照常例發應天府寄貯聽用如廣衡仍前延
後玩法滋蔽錯聽從臣等通行參究無怠玩知
警而冊籍不有賴矣緣係乞究稽遲駁冊以
儆違慢事理未敢擅便爲此具本謹題請
旨
旨二月十一日奉
聖旨戶部知道欽此
九月南京戶科等衙門管理黃冊給事中等
官陸鳳儀等謹
奏爲重版圖清宿弊以濟久遠事照得稿推版冊代數故萃
非細故也伏
聖祖神謨遠覽藏之後湖法甚詳而禁甚密矣
歷代
皇上繼天御極尤惓惓其事焉方今

恩深洽於編民而如傷之吏切
禁例嚴於大造而積弊之盡釐比以爲常川
皇圖計迄臣等欽
命管理黃冊以來夙夜兢兢惟以弗克仰稱爲
任爲懼則凡有關於版籍之利病者罔敢緘
默而不言耶是用條陳一得之愚上塵
天聽伏望
聖明俯賜采擇見諸施行黃冊幸甚臣等幸甚
緣係重版圖清宿弊以垂久遠事理爲此開
坐具本謹具奏
聞
計開
一請
獻天下民數總要臣等聞惟天惠民惟辟奉天
聖主奉天以惠民民則必有所以殖民之生者矣
惟有以殖其生故民數日登邦本日固至
治之所以悠久無疆者繇是道也竊見我
國家輿圖之廣合天下司府州縣以及各土官

衙門民數億萬靡不一一該載前代罕倫
此我
祖宗之所阜蕃
皇上之所培殖可謂歷盛而無以加矣臣等仰
惟
皇上奉
天之心純亦不已
與民之休念愈久愈勤則民數所係至重得非
聖明之所欲備閱而周知者乎今天下戶口數凡
六之遠依限
進呈且書奏而諸之後湖特未聞有
御覽總要之冊以爲欽與所據圖籍鉅萬不敢
悉以煩
睿覽也臣等欲倣成周人口獻民數于王之意
再於大造黃冊完解後劇之日該部官員
因即會其大數造冊類成一紙首列
祖宗以來戶口田土稅糧總數于前繼開
今日戶口田土稅糧總數于後務期文簡事核

一晰可知以此

進獻

御覽儉於

萬幾之暇

留神觀省則凡戶口之豐耗以稽徵戶口消息

之多寡以稽本末觀時理之氣象以候治

入將必更思所以保息之節愛之以求生

全之盛以成熙皞之風斯則快矣

天惠民之政不無少裨而邦本一固萬年如一

日矣如蒙

伏乞

命下李令臣等查照大造解完之日得以庶幾

蓋冊撰成

御覽民數總要獻之

闕下以神主治此臣等少效芹曝之忱而

泰嶽之所為不棄細壤者也伏乞

聖裁

一勸戒指冊官員夫今之言黃冊之弊者曰

飛詭稅歸也埋文軍匠也隱漏丁口也變
亂戶籍也若此者弊非一端然累一二百
年而不能革臣竊以為此誠大弊也而所
以釀成茲弊者其故皆由于造冊之稽遲
刀切照造例大造黃冊布政司專委參政
參議等官查勘責并直隸府分專委同知官
查覈責以為總理而州縣分任其事使
督冊者果皆提調而州縣宗之貳官何能不去
但弊不除不除弊查州書算不出數月冊有完套
或冊官不得吉關任造畢書人等圖局為套用
用後多用弊與掌戲遙無洗諸此百弊之
所以叢弊也臣等切查賦役黃冊事例節
不
欽依各該官吏里書人等依式攢造限年終
進呈解送南京戶部轉送後湖收貯委官
清查是官與戶部所共理行而收貯交也大同
偏個之官懶服繁冗而志他門攻弊端
紛紛其者延至十八年參年以上始得完解

豈但遠限之過而已哉冊到後湖復當查
駁改正夫既延滯于前則於後日之查理
重大奸誤正墮其僞巧術中而有法不可
以盡詰者矣是則遲之爲害一至於此今
嘉靖四十一年作輸值大造其依限完解與
違限者遲速迥殊若無賞罰以行乎其間
何以勸戒後來伏望
軫念版圖爲重
皇上
勅下
戶部申明節年限例除見今福建廣東府
州縣多事地方另行外其各處黃冊有如
式冊籍造就而便依期解到者許令臣等類查各
齎冊官就便行南京都察院轉行各巡按
御史特先勞獎以示勸若限外未到亦即
行移彼處巡按御史將經該官吏俱照例
住俸問罪嚴併完報仍聽臣等從公會議
將各督冊勤勞并違慢官員分別類造文
冊一本圖封差人齎赴吏部收候以備考
察庶人心知儆而冊籍易完清查亦無礙

矣伏乞
聖裁
量增曬冊人役臣等竊惟冊貯後湖
祖宗詒謀宏遠宜無復有他慮矣臣等係該管
冊官員每當過湖之日巡視各庫乃見洪
武永樂等年黃冊中多糊塗幾於不可披
閱雖近年之冊亦有然者爲是憂且懼焉
竊探其故蓋緣庫洲濱水潤濕浸蒸易於
浥爛則曬晾一事最不容緩但冊多人少
力不能遍故冊有終歲而不一經曬晾者
此在先年給事中易貢以次從等相繼言
之況今年愈遠而壞愈甚所愈多而人愈
少其可不亟爲之處乎臣等查得黃冊起
自洪武十四年至今嘉靖四十一年大造
凡一十九次蓋造過庫房共五百四十七
間收貯黃冊盈二百萬而在湖匠止一
百一十名以之看守巡警則有餘矣如以
五日一曬晾每值陰雨則止而庫匠數少

未免搬移出入之煩其所經歷者幾何切恐各庫之冊雖及二年難以曬晾一周欲其不潮爛蝕不可得矣此非所以重民數而存典籍也今後合無量增庫房與本湖查冊舊年相兼照依曬晾日期早則出冊如法翻曬晾則序次歸庫務使各冊年年經曬而後可以無爛蠹之患也如蒙乞

勑戶部再加詳議不拘舊庫新庫每一大造庫房三十間各令庫匠八名看守曬晾即今庫匠已有一百一十名應該量加四十二名轉用移咨南京戶部轉行應天府行所屬縣分審取身家素無過犯而年力精壯者僉為庫匠解送後湖聽候等將查冊書手分派每書手二名領匠八名遵將庫冊着實一一清曬周而復始永為定規其各匠工食不得派擾府縣依例將寄貯應天府里書紙贖銀兩動支每名每月給與六錢此則所費者小而所全者大矣伏乞

一嚴禁損壞冊籍臣等切照天下司府州縣遠年圖冊類多散逸不全獨後湖版圖永遠常存天下有許爭田土軍匠等項不明者皆赴後湖告查而後其爭始息蓋賴有此冊籍故也臣等近來逐閱各庫查得洪武永樂等年黃冊不但黴蠹之多且中間亦有紙張裂壞而數目之殘缺者比皆年遠冊久然臣等循深隱夫弊之不盡無也向者冊籍浩繁其揭查曬晾皆經書匠之手設有欺公玩法之人乘間作弊故為損壞則其於黃冊之害也不小是不容以不踈為之防矣臣等自今將本湖季庫匠將各庫冊漸次清曬之後其前冊之損壞者俱查數執於冊傍一一鋪記明白如有錢弊可從而稽察也但法不嚴則禁不止臣前謂每冊庫三十間合派庫匠入冊看守歷騰與查冊書手無用先取者不致損壞並

冊甘結任卷諭令奉公守法以後查有輕
玩版圖私通外人作弊故將冊籍割裂毀
壞等項相應比擬棄毀
制書律斬庶乎人自不敢輕犯而全冊當傳之
萬萬世矣如蒙乞
勅戶部酌議轉行後湖遵照嚴加防禁而管冊
官員亦可以少塞典守之責於萬一也伏乞
聖裁奉
聖旨戶部知道欽此嘉靖四十一年十二月初
十日該太子少保本部尚書高　等具題
看得南京戶科給事中等官陸鳳儀等條
奏
請獻天下民數總要勸戒管冊官員豐贍冊
人役嚴禁損壞冊籍四事俱係大造黃冊
要務相應開立前件議擬上請定奪伏乞
聖裁
許開

請獻天下民數總要

一前件臣等看得民數之登耗備於版圖而生齒之繁庶由於休養自古帝王未嘗不以此為要也然查先為賦役黃冊等事節該本部題奉

欽依通行欽遵去後今給事中等官陸鳳儀等奏稱要將新舊戶口田土稅糧總數造冊進呈

御覽一節無非欲重民數之意相應依擬合候

命下移咨南京戶部備行各官悉照所擬每於大造黃冊完解後湖之日會其人數務使文省事核一成一帙上呈

御覽庶披閱便而民隱周知觀省備而物情畢照矣伏乞

聖裁

一勸戒習冊官員[illegible]臣等看得事必專任而後可以責成法

必謹嚴而後可以革弊者於成憲懲戒之
與又甄別勤惰之大有也[illegible]收旨申務[illegible]
當速於考成詳於法弊而勅成之例出[illegible]
少卿令給事中等官陞儀等奏行要[illegible]
各司府督冊攢造官員各照限例廠於[illegible]
解禁革飛詭埋沒隱漏變亂等弊仍分別
勤情贊勞撥問告俸各一節無非崇重[illegible]
圖之意相應依擬合候
移咨南京戶部轉行各官悉照所編嚴[illegible]

命下

各該司府州縣務要遵照節年限例[illegible]
造解里書人等如有誤說泄沒等弊查
經該官員具依期解計者行南京部察
轉行各巡按御史每加答勞限外不到
亦行彼處巡按御史照例仍奉罰罪究
別勤惰類造冊一本齎送吏部收貯
備考察庶限例明而庶得早完奸弊息
冊易就緒矣伏乞

聖裁

後湖志 卷之十

胥□冊人役久則毫易生人參嘲□
吾此等看得物當勤於□聽而囑嘲以
於故所精久貯冊日增而匠役如故賣
賣賣手人力規其可得手令給事中等
劉賬之如法也要將庫房二十間各令
時鳳儀等委稱縣額外量加四十二名
匪八名看半醒將行所屬縣分僉送其
淵彼文應人附駁各一節無非因時立
今文寄應紙合狀□□□□□
之相應條核行應大府丞照所提
移咨南京戶部招招身家和照者免
行屬縣審取獄具各丁衣即決不府
庫匠辦送後罰兩數每名納六錢
獸中書紙贖綠令決二石銀出八名
綠利隨小民仍詳手二石銀□□
川縣所四人力幣狀世一除定例奏
兵論隙部送伏偷□□□□□

[illegible]照[illegible]冊[illegible]

[illegible]等[illegible]得冊役術於冊籍如弊姦於究

術非嚴防禁無以保其久而不衷立案

查先爲陳悉見儘積弊以重點稽事該本

部議得造冊事宜[illegible]不得用覆訓紛

飭一勢要之家不許混入侵紀法爲托

有司踐跋里中所以防變爛以圖堅久俱

經題奉

欽依通行欽遵去後令給事中等官陸鳳儀等

奏要禁革書所奸弊查有通同外人割裂

毀壞等項比擬充毀

刑書律斷各一節無非防微杜漸之意相應[illegible]

擬合候

命下移咨南京戶部轉行各官悉照所議嚴加[illegible]

各該書手庫匠不許私通外人貪圖緣爲[illegible]

故將黃冊割裂毀壞仍取具不致損壞[illegible]

甘結狀如有[illegible]犯從自查照律例施行[illegible]

法令嚴而奸頑知警責成專而闕冊無[illegible]

矣伏乞
聖裁本月十二日奉
聖旨准議行欽此欽遵抄出到部送司案呈奉
本部合咨前去備行到湖煩照本部題奉
欽依內事理欽遵查照施行

隆慶三年

六月南京戶科等衙門管理黃冊給事中等

官臣張□等謹

題為補造蟲蛀黃冊以便清查以杜姦弊事等臣

案查先準南京戶部浙江等清吏司手本開

送南北直隸并浙江等布政司所屬各府州縣

及土官衙門節年分黃冊到湖收貯庫間除

嘉靖三十一年以前黃冊[illegible]有蟲蛀不至太

甚尚堪查閱不能盡開外查得廣西等布政

使司桂林等府臨桂等縣[illegible]年分黃冊中間

蟲蛀甚多隨令監生吏書用心人等逐一比

對檢點或一縣有十蛀八九者或一縣有一

半者或累縣全蛀者但經一年紛紛而□

正等如見洪武永樂等年見在者冊經今二

志　卷之十

百餘年紙張殼面尚多如舊未有蟲蛀如此
之甚者推原其故蓋因先年攢造庫庄紙張
無粉俱堪久貯近年經造官員不行用心督
造任憑吏胥里書人等紙張不經揀選殼面
不用撒攢未及數年易生蟲蝕以致都圖丁
產無憑查閱希圖作弊筱脩百端若不再行
嚴禁補造不惟已往者遂其姦計抑且將來
旨仍各劾尤甚妨

計加蒙伏望到
上軫念勵精重務乞
户部轉行[illegible]西[illegible]布政使司各將後開府州
縣所屬鄉都圖分蟲蛀前冊逐一照數補造
以行各該[illegible][illegible][illegible]史[illegible]將[illegible][illegible]造冊官吏人
等除官吏[illegible][illegible][illegible][illegible][illegible][illegible]見有[illegible]造里書逐
一查提從重問罪從行各該[illegible][illegible]使司管冊
官嚴胥各府州縣掌[illegible][illegible]查照節次奏行事
例不許仍用粉飾紙依作[illegible]補造文書到
日為妨除永程之外定限半年以憑造完[illegible]

對無差用印回封鮮送南京戶部轉送後湖
發收實查敢有似前玩愒不行照數揭造及
過限等項情弊通將官吏里書人等從重參
究治罪如此庶版圖不致紊亂而欺隱永革
矣緣係補造蠹蛀黃冊以便清查以杜奸弊
事理未敢擅便為此開坐具本謹題請
旨
奉
聖旨該部知道
隆慶四年
三月南京戶科等衙門管理黃冊給事中等
官臣張煥等謹
奏為敷陳愚見以慎重圖籍事臣等各遵奉本衙門劄付管理
後湖黃冊節該承行接管以來仰惟我
太祖繼天立極御之初以天下戶口藏之後

河盖念民數至重必擇是嚴密之地俾天下
貢賦者鱗集於斯用傳之億千萬世永爲一
統之治
神祖遠慮亙古所未逮矣但相沿既久弊端漸
生雖屢經建議天下臣工求其遵行不失者
竟不多見焉不知
國以民爲本民以籍爲定誠不可以慢易視之
皆以隆慶六年又當天下大造黃冊之期若不
預爲申飭何以警戒將來臣等職掌所係兢
業不遑謹摭一得之愚上塵
天聽伏乞
勅下該部再加查議如於版籍有裨
俯賜施行臣等不勝懇切祈顒之至緣係敷陳
愚見以憫重圖籍事理爲此開坐具本謹具
奏
聞
計開
一專管理以便責成臣等以爲事必專理然

後可以善其終始而罔顧就簡者以責任之
無常也刷黃冊關係甚真其中情弊深芬髮
此雖以恐舉廢所由蓋以人造之年有司
視為末務往遞畀奇變亂作弊所轉委者不
過州縣佐貳等官即佐貳官亦或爾月不一
至冊所欲人心畏攢戶口明委付于胥等謂
非得人以專其事而又久任以要其成不可
也合無查照先年給事中柯相具奏以各省
參議在任頗久者照應專委比照提學糧儲兵
備驛傳等官事例請
勅
一道各省專委參議一員南北直隸專委能
幹府同知或推官一員撫按衙門不許別項
差占平時則訪詢弊源大造之年專一往來
巡督仍各先具職名申達吏戶二部及本湖
管冊等官查考待有成績具奏
旌擢大造未完不許陞遷如有廢弛玩愒致誤
冊過期或作弊仍前者聽臣等指名參
奏其各屬監造官員悉聽本官擇人轉委務令

日小心謹慎者猶念冊籍之重問罪以十分
爲率審作繕有夕者司玉分害作無力者五
六分追究行爲冊歛起解已間求有之昔貧玩
有司方以則爲科冊肥解之計賑口民貧止
明數中以圍赴責年貸一八不鏤花費解之
大吏果能被寄足民金則竟之中報補若者
撫以行充從竟佃貧宜係分可賜可也湖恣
後刑貿能協於而下亦急戶之況本各各
黃工爲義給上中下作卅人拼以爲其虞
罪工力前照卦中下作戶牟下則則
作升力州正則有本有力分戶則則審
作本刑州日官作本作名府戶招審
冊遠道起州起冊本本府招府批
亂原道道起北趁政司堂冊仍
將留關招起北趁政司堂冊仍
留原關由部一一二到湖銀冊上
存南京戶部冊遞發到湖臣等遂一
查滴不由部冊道計充解任意督重縣

後可以善其終始而因循就簡者以責任之無常也例黃冊關係甚重其中情弊滋芬髮比難以悉舉概厥所由蓋以人造之年有司視為末務任非其人變亂作弊所轉委者不一過州縣佐貳等官卑佐貳官亦或稠月不一至冊所欽人心畏懼戶口明委得乎臣等謂非得人以卑其事而又久任以要其成不可也今無查照先年給事中柯相具奏以各省參議在任頗久併應專委比照提學糧儲兵備驛傳等官事例請

勑一道各省專委參議一員南北直隸專委能幹府同知或推官一員撫按衙門不許別項差占平居則訪詢弊源大造之年專一往來巡督仍各先具職名申達吏戶二部及本湖管冊等官查考待有成績具奏

旌擢大造未完不許陞遷如有廢弛玩怠致誤冊過期或作弊仍前者聽臣等指名參

奏其各屬監造官員悉聽本官擇人轉委務令

據里按圖逐一查閱無差然後選用無粉堅白細紙真楷謄寫冊尾明列各官職名先督冊本道次本府次本州縣庶事權歸一而人心知警矣伏乞

聖裁

一今後規則以杜姦弊各處解到黃冊臣等細加查對中間弊病固多然其大則有所謂那移戶口者或將一甲人戶編入二甲之內或以趁姓丁口混入識氏之門攙越次難於責里書受賄作弊欲其日久爲埋沒之地爾有所謂飛詭山報者田已盡而根不忍之歸除戶冊既而田即詭以荒蕪大造及期此詭里書之利竊也其至以單作民以一民頂丗使各處告爭者毋不遠于里赴本湖一辨其真僞焉皆由規則不定是以人心漸現冒伏乞

勑諭各處管冊官員務將前項弊病清查痛革如戶口則要挨甲順序不許穿甲紊亂出錯

則今通州縣里書筭手團[illegible]一處將各戶收
除田地詞會則自方許過割不許有出無以
有收無除至於軍面丁書戶絕者不許詐冒
見有人丁者不許析戶務使父子積攢之私
不得行私作弊其間如此則姦弊可革而民
籍畫一矣伏乞
聖裁
一抄招由以防後弊後湖書手匠工食與
夫修理庫架治買紙筆紙費原出自上九江
寧二縣正德九年該給事中奏准見得兩縣
不當獨累題
作通行天下司府州縣[illegible]出送冊費語冊關
過官吏里書筭人等罪名追[illegible]併試價銀俱
南京戶部轉發應天府收所後試行文錄取
作弊前項諸費遵行已久周為稱便矣近來人
心玩愒罪曠之多寡有相懸爭數十倍昔蓋
各處里書筭手同非供係上門一豈皆盡屬貧
戶排止無事督之官是以有司一遇駁冊逕

日小心謹慎者猶念罔籍之重問罪以十分
爲率審作循有夕昔司玉分審作無力者五
六分追究行發分冊起解閱求有之苦貪玩
有司方以則爲科欽肥已之計觸口民貧止
前數兩以閱甚責乎仁解八搽銀花費問之
大去中能被汜叉干企則竟不串報補解者
擬使果充從竟伊民受一分之賜可也若恣
役材以郎拈森而貨姦僻主可哉况本湖各
黃工負義給於此貢並急邪告忍以爲各慮
罪刑罰照育上中下一朱人戶之分則其嶽
作亦當係此兮例里者奔手若保上戶則審
乍有力州中戶則沓作稍有力保下戶則審
冊無力仝縣正官拃隊照罪名苦干招申督
乩道許本之日州孫給訊起本府本府起批
符本道招道起則赴本布政司堂上掛類仍
盡原問京出備批一徐二通併銀冊解來上
盡留南不戶部一逃韓發到湖臣等逐一總
尚南由皆冊道計充從月任意督重戔

假此追比困以肆行侵漁皆聽臣等指名參
奏其解人事完回日前批仍以次銷繳庶法紀
嚴而貪婪知警冊籍亦永有賴矣伏乞
聖裁
一嚴限期以完查註黃冊每十年一造許本
年終造完類解南京戶部轉解後湖管冊官
督率監生人等查對新舊冊不同即係前
項姦弊造冊
奏繳仍通行各處原造冊衙門照款查參改正
除水程外通限半年以裏解湖奏有
欽定期限立法定制既許凡展矣遲來在外者
有司以催科刑名為急務視黃冊則慢不加意
有延至限外二三年四五年以外纔方解到
者有解至南京寄於歇家逃回原籍不行交
納者以致本湖無憑查閱舊冊未完新冊
業已續到新舊叢積即欲逐一查駁日不暇
給矣如此若不行罰究恐歲復一歲廢弛益
甚

祖宗所以重民數恤
國本者其深意所在不可不察也伏望
勅下戶部申明節年限例行都察院轉行各處
巡按御史預先申飭督冊官務要依期造解
以各解完巡按御史具本復
命如仍前怠玩過違限期督冊官除臣等查明
論劾該省巡按仍將各參論吏部不以此考
覈定行罰治庶黃冊以早完臣等亦得以
及時查覈而無壅滯之患矣伏乞
聖裁等因奏
聖旨戶部知道欽此欽遵抄出送司案呈到部
看得南京戶科等衙門管理黃冊給事中等
官張煥等條陳一事專理以便責成等四事誠
於版籍有裨相應開立前件議擬上
請定奪伏乞
聖裁等因隆慶四年五月初四日本部尚書劉
體乾等具題本月初六日奉
聖旨依議行欽此欽遵擬合通行為此除外合

各廠所並須照本部題奉
欽依內事理欽遵查照施行等因到部送司案
呈到部既今通行爲此合用手本前去南京
戶科等衙門掌後湖事給事中等官張顯等
處查照該部覆題奉
欽依內事理一體欽遵查照施行

計開

一專督理以便責成
附件 查得先該南京吏科給事中何湖奏爲
乞定委專官以杜販鬻弊事該本部議覆
大造黃冊之年移咨吏部行浙江等十三布
政司於右布政左右參政參議員內擇其年
貢尚淺才力素著者各一員開名上
請及行南北直隸撫按官會同推舉所屬廉能
佐貳官每府州各一員開名上
聞一體請
勑專理仍先具職名咨送吏部并本部及後湖
衙門冊等官查考俟冊完繳

行減一六　　卷之一　　三

勑如各官不行用心致有疏張紛飾差錯稽遲
等弊但聽後開[illegible]冊官指名參究等因題奉
欽依通行欽遵[illegible]今[illegible][illegible]給事中等官張楨等題
依隆慶六年又當天下大造黃冊之期欲要
照先年給事中材相所奏事創施行但[illegible]
欽擬合候
下一面移咨吏部行浙江等十三布政司并
右布政[illegible]省參政參議員內擇其年資[illegible][illegible]
才力素著各一員具[illegible]十一員驗名上[illegible]天一
一面移咨[illegible]延[illegible]直[illegible]部御史及督[illegible]都察
[illegible]轉行各該延[illegible]史會同[illegible][illegible]天府[illegible]
府南直隸蘇松[illegible][illegible][illegible]安[illegible][illegible]九府[illegible]
[illegible]徽州江北[illegible][illegible][illegible][illegible][illegible][illegible][illegible]大名[illegible]
[illegible]州比直隸[illegible]定[illegible]定[illegible][illegible][illegible][illegible]應[illegible]
請
三[illegible]平[illegible]州[illegible]延[illegible]廣[illegible]安二州[illegible][illegible][illegible]
求平[illegible]州各官一員[illegible]名上
戴官[illegible][illegible]
仍先具職名中達吏部并本部[illegible]及[illegible]湖[illegible]冊
[illegible]官知會查考通候冊完方准[illegible]

粉一繳備照用一頁行人
內府翰林院撰
勑順付兵部公差人員齎送內外直隸巡撫衙
門并浙江等布政司各該委官設法以便行
事若各官不行用心設有紙張粉飾繩索
運等弊俱聽後湖管冊官指名參奏山
上裁不分已未歷遍俱照例以罪輕點遇其各
該撫按官俱要查照賦役黃冊事例著實舉
行伏乞
聖裁
一定規則以杜姦弊各處解到黃冊
前件前冊南京戶科給事中等官設法等奏
稱各處造到黃冊弊端甚多乞要行令各處
管冊官員清查編造及要通州縣里書關防
查造各一節查得關局請造原有禁例行
已久似難議更所據造冊里書冊戶口
既由根理汰革弊委實嚴禁以
命下本部通行分該巡撫都御史嚴行布政司

後湖志　卷之十　三四　五十九

并南[illegible]直隸府州各處出册責限大造黄册之年遂一[illegible]衙[illegible]分嚴禁里書[illegible]要挨甲[illegible]年不許[illegible]甲[illegible]田[illegible]知有人戶買賣甲[illegible]應[illegible]過[illegible]者[illegible]於[illegible]各戶[illegible]除[illegible]項下日[illegible]數不許有收無除有除無收以[illegible]以[illegible]其中[illegible]丁無[illegible]戶絕者不許開[illegible]見[illegible]丁者亦不許拆戶[illegible]有仍前作[illegible]法[illegible]惡[illegible]接官訪拏究治伏乞

一[illegible]防役議[illegible]科給事中史[illegible]題為[illegible]南京[illegible]蘇[illegible]事[illegible]行各[illegible]以[illegible]語[illegible]官吏[illegible]縣[illegible]驗[illegible]戶[illegible]收[illegible]賦[illegible]役[illegible]賦[illegible]役賦[illegible]等[illegible]通[illegible]行[illegible]給事中[illegible]所

奏大冊與史冊相同及要以招出以防侵滅
一節相應依擬合續
命下通行各該省府以後但同後湖黃冊駁語
應州官吏里書算手人等非名俱要招申治
冊道詳名稽查行令該州縣給批赴齊并本
道起批出布政司出鑒仍依原湖編山一送
二本并部冊解送內京戶部□本律發從湖
稽查如有仍前不出督料道下毛任意從減
及假稱追比賦行科料者悉聽候湖管門官
員指名參究伏乞
聖裁

一嚴限期以完查非黃冊
一件　查得先該南京戶科給事中等官爲文
彰等題爲中嚴賦役黃冊事例以慎攢造以
壯姦弊事該本部議覆大造黃冊之年移咨
吏一部於浙江等十三司及司各該委布政司
官一員南北直隸各該撫按官推委知府佐
武官一員會同各該州縣掌印官躬親稽察

磨筭以文書到日為始仍限三箇月以裏先造草冊呈樣總撥向門仍求不致淸訪絲狀一紙備照務在一季之內完解負冊將委官職名開報本部文南京後湖查冊官知會如有造解過期皆評違慢人員俱曉後湖管冊官查參仍行扴消參嚴等官照例親臨所司數肯造解各該掌印造冊官員遷行陞遷綜由等則查係黃冊驗冊未完不許輒離任所管冊計道等官清查事畢後

命之日仍查黃冊駁問到湖日期明開某處依明解到未處遠限若干年月某處今尚未到其未到并造具次久名各該掌印行造官員比照推欠錢糧串例一懸查參以憑議覆降剩等因題表

欽依遵行欽遵訖今該給事中等官汪煩等具奏前因相應再行申飭合候

命下本部移咨都察院通行各該巡按監察御史即行各省督撫官員預先申飭務要遵照

先年舊例依期造解該省解完巡按御史具
本度
命如有仍前怠玩過違期限不即完解者悉聽
巡按御史指名參究伏乞
聖裁

隆慶五年

十二月南京戶科等衙門管理黃冊給事中
等官臣張煥等謹
題為查催未到補造蟲蛀黃冊事臣等各准奉本衙門關劄管理後湖黃冊除清理外案查前事內開得嘉靖十一年分江西等布政使司南昌等府新建等縣并嘉靖二十一年分廣西等布政使司南寧等府武緣等縣賦役黃冊被蟲蛀[illegible]

百卒三

先該南京戶科給事中郭十等節該題准補
造去後至今年久尚未解到蓋因各府州縣
督冊官員不知圖籍重務視[redacted]泛常任憑里
書人等忽怠延捱不行催併補造解湖致使
門[illegible]門界無憑查理臣等皆不再加嚴催未
免仍前怠玩伏乞
勅下戶部轉行都察院備將後開名府州縣遵
總督糧道行各該巡按御史轉行督冊道并
司府州縣等官嚴限查依[illegible]湖如再遲違許
該臣等[illegible]參由究庶冊籍依[illegible]以早完民數有
所稽考[illegible][illegible]查催未到補造盡數黃冊事理
未敢擅便為此開坐具本謹題請
旨奉
聖旨該部知道

隆慶六年

四月南京戶科等衙門署管後湖事南京刑

科給事中等官臣周守愚等謹

題為查參有司沉誤冊觧玩慢與常懇乞究罪

申法以肅一統盛治事臣等竊惟天下之治譬之理琴瑟然徽絃

絃決非大更張之下可復明若今之冊觧是

已隆慶六年輪當天下大造黃冊觧赴後湖

收貯開局備將前運來冊比對清查臣等查

得嘉靖四十一年並今次湖收冊數有欠

嘉靖三十一年分全冊並未觧四十一年下分

駁語黃冊者如湖廣之漢川縣有欠嘉靖四

十一年分全冊者如湖廣等處長陽等州縣

有全冊內欠數里者如順天等處隆慶等州縣

有未觧駁語文冊者如順天等處宛平等州

縣臣等見之不勝驚駭夫前造之對冊所冊

之根株今造之冊乃前冊之依據故必前者

盡在而後今之巧弊有自而稽必駁者盡管

而後今之差錯可據而考也今既舊冊不備
則雖解到新冊將焉用之不意堂堂一統之
朝林林全盛之世而有況法廢典至於此極者
節經催促延及十年原行之員役習不以時
交事接管之官吏又直廢閣不行事屬故違
該當參究拟合
移咨戶部分別有罪次第以兩運未解者為
第一之以前運全欠者爲一等而內欠數照者次
之未辦駁冊者又次之轉行都察院通行各
該巡按御史提問如律作速催解以赴今次
請查照
國計民數等項照各官之見役實由立法之
未周夫冊籍之重者所天非簿書米鹽之
比可以輕易而速更者其如此必擇其人不
盜委之草關其財也必究其責不中爲之遷
轉則彼當其任者有所懲戒息行而不可
得必將悉心畢力夷始厚終而不至於怠事
若此矣今既因循於已往急宜申飭於將來

先經給事中張瑛等題奉
欽依將各府管冊佐貳官員比照管冊司道事
例請給
勅諭以重事權誠至計矣但
皇圖之統馭至廣而各官之職名未通每每批
解黃冊止稱某府州縣而已其管冊之官爲
誰臣等不得而知也則雖有未解解有未
完完有未核亦止漫然催駁無從指其人而
究之彼管冊者或未解而中有陞遷則揚揚
而行以爲原非不了事件接管者或奉催而
故爲推託則泄泄而視以爲原非貞正承行
前遺後玩積習成風將來之弊又當復如前
日伏乞
賜納微言特
勅該部備將兩直隸十三布政使司各可府州
斷兄須
勅諭管冊官員姓名彙咨南京戶部轉行本湖
行照仍速通行天下今次解冊批文須列本

省府州衛管冊官員姓名於內以便臣等查
考每一府冊解完日該府管冊官總起解批
一張每一省冊解完日該省督冊道總起解
批一張總解批廻方許繳還
勅諭
勅諭既繳方許敘資其歷選其有未經繳
勅轉遇選轉者乞容臣等參論勒回原任必待
以曾冊解盡絕之日方許起送赴部庭幾人
心知畏積弊難洽冊籍可以早完民數不至
職錯但一法之立一弊之生令
朝廷既以完解為功則有可必以避完為務中
問恐有旋得之官料臣等之查閱不能肩如
計書讎之交通可以啗入止擇上運底冊依
本聽猾胥之窶門急應目前以放早完之名
而希遷轉之便則雖日有冊不如無之其罪
又有浮於前之玩慢者亦容臣等具實參
資之重典以為誑上行私之戒則法益周而
奏繇無所計慮益密而人不能欺臣等益竭愚

衆無非仰體我
皇上重民至意不自加其可行與否惟
聖明采擇焉緣係查參有司沉誤冊籍坑侵與
常懇乞究罪申法以肅一統盛治事理為此
開坐具本謹題請
旨奉
聖旨該部知道
萬曆元年
三月南京戶科等衙門管理黃冊給事中等
官臣張煥等謹
題為湖冊多年未到有誤大查冊懇
聖明俯賜乾斷亟究玩怠官員以正法紀事臣等

竊維法之立也，非徒以防民，亦將以儆有位者也。法之不行也，非惟民之日玩，亦由上者先犯之也。法不行於上，而欲斯民之帖然順服於下，是猶曲其形而求其影之直，不可得

祖宗立法之嚴，更有過於後湖之黄册者乎？即今玩法怠政，久弊有甚於湖册違限數年不解到者乎？除隆慶六年天下輪該大造黄册，各處督造官員有洛城奏公者，不惟前次之册已完，今次黄册司保明解赴，而恐其或後也。至若怠玩廢法，總兩籍不以為意者，不止一處為然矣。臣等查得嘉靖四十一年至今，本湖收過册數，有欠嘉靖三十一年分全册併未解四十一年分駁語黄册者，如湖廣之漢川縣；有欠嘉靖四十一年分全册者，如湖廣等處耒陽等州縣；有全册内欠數里者，如順天等處寶坻等縣；有未補駁語黄册者，如順天等處宛平等州縣。臣等所遇過湖檢閱之

際見之不勝□□□□熱中切帳各處當事
臣工有何所見乃故違
欽限月至數年尚不起解如此那大今次之冊
解到後湖非徒置之高閣而無所事事也□□
欽遵一一查對駁發以爲防姦塞弊之端然心
前運駁冊發答改正未知到京也然後有何
憑據參酌以為行□□□之地□之□□□□
符更相覆覈不□有□□者有□□□□□□
回稱解到□解來□冊且□□冊□□□□
故其弊對之力亦求□無□□□□□□□
明於前件該署管後湖給事中周守□等
題催於後欽遵
明旨餉諭昭然該部文移催□□今又復一年
所欠前冊解到後湖者大約未及三分之一
其餘日得月玩依然若罔聞知或任意□書
人役假公科斂遷延作弊或係差人領解在
外特异贖銀兩那移侵欺州縣正官既不暇
親理其事而委之佐貳首領該道監司又不

肯時行比較而視爲故事屬文一遇陞遷則
云原無瓜代之期公然而去問之接管則云
此係前官之事與我無干彼此推諉上下因
循求其實心任事雖日孳孳者豈可多得湖
册之所以勤經數年不見解到者職此故耳
臣等反覆思之請臣之意豈不以當今所重
者錢糧也或有未完法必不宥矣又何慮一
莫錢糧不知發覺
肯所賢貲耐民數叙在其事體重大截在令
甲果無被此之分然要之水旱災傷即錢糧
亦有斛而定之刃查用系十年一造遞而
復駁斯年之如是之民無以之尚無下大
億萬年不容有何之所謂前乎去天下此
小臣工非不知之賴所由自彼所輕在此
部以偷惰成風法紀日壞推知耶皆一目前
之急而視版籍爲迂遠之務始月之間一久
之故矣臣等職掌所當不敢緘默以入查伊
邇衍開荷鴻下若不明爲申

詔恐掘井於臨渴之時求救於失措之際萬一
僨時失事臣等罪戾夫復何辭伏乞
勅下戶部轉行都察院通行各該巡按御史文
書到日將核屬地方類欠黃冊併發冊經管
官員提問如律查限二箇月以裏遠限四箇
凡作速差人起部赴湖以冊齎赴其門過里
書人等紙贖銀兩一併照舊解赴應天府
庫如巡按御史視為故常容隱不究致誤大
查都察院俟其後
命之日檢舉參論定以不及之等照臣工知做
而法紀以昭冊務可完而蠹弊一斷事一統同
文之治四瀆水清之獻與隆古一揆矣臣等
無任激切懇祈之至緣係湖冊多年未到有
誤大查再懇
聖明俯賜乾斷亟究玩愒官員以正法紀事理
為此開坐具本謹題請
奏
奉聖旨該部知道

萬曆四年

七月南京戶科等衙門管理黃冊給事中等

官臣王蔚等謹

題為大查將完湖冊未到懇乞

聖明俯賜

乾斷亟懲違慢有司以重版籍事臣等竊惟國以民為本民

數以籍為定式從劃一黃冊之制乃民數於繳識詐隱務毋至

十年一大攢造比舊管開除新收實在等項繳不分明關係糸村賦役黃冊定限本年以

裹解湖冊本湖該管官員督同典吏齊赴徵與上次黃冊查對如有飛詭埋沒等弊依驗發回

令其登答，眨造定限半年後解後湖，名曰駁語黃冊，仍將回報緣由填註原[illegible]冊內收架，以為下次黃冊查理底案。是法門嚴密，莫有過於湖冊，而有司遵奉，亦莫有急於湖冊也。豈知猶有玩法怠政，視冊務不以為意，久遠限期不行解到者。

下臣等奏

督理後湖黃冊，查得自嘉靖四十一年至今

命本湖收過冊數，有欠嘉靖四十一年并隆慶六年分賦役黃冊者，如廣西等處江州等州縣有欠嘉靖四十一年分駁語黃冊[illegible][illegible]慶六年分賦役黃冊者，如順天等處新縣等州縣有欠嘉靖四十一年分駁語黃冊者，如順天等處寶坻等州縣有欠隆慶六年分賦役黃冊者，如鳳陽等處虹縣等縣有全冊內欠駁回違式數里黃冊者，如順天等處定平等州縣有欠隆慶六年分司府縣總冊黃冊者，如徽州等處蕪湖等縣。臣等毋避在湖檢閱之際，不勝驚駭，以為大下當事臣工果何所見乃敢故違欽限且延至十餘年尚不造解若是耶夫前次之講非徒束之高閣也實為查驗新冊之本驗語之冊非徒虛應故事也乃為改正原冊之端故必前者盡到而後新冊之姦弊有自而稽必驗者盡答而後原冊之差錯可據而異此令誤語未到則原誤之冊亦徒存矣何以若新所之罟搭冊未備則解到新冊亦無所大何以故在毀之勞光併舊冊漸冊與鑿諮行待未到為發將諭歸不意堂堂一統之朝赫赫全盛之世而有因循曠廢至於此極者飭錄題備欽承明旨發下該部移文纔催造今又復二年所欠前折解到後湖者大約未及三分之一其餘仍諮拖欠若因閒知或任憑里書人役遷延作弊或遺漏管解匪人將罪職從賍州縣正官既不嚴親董其事而委之佐貳首領該道監司又不肯時行比併而以為故事虛文·

遇陞遷則揭揭而行以為罪非不了事件間
之接管則冊冊而視以為顛非真正承行首
後接該上下因於湖冊所以為經數年不見
完解皆職交故冒吏事不覆錄許冊中之意
以為不知之建之甲本不知[illegible]冊中之可
賦稅升冊之錢[illegible]無所終失[illegible]之[illegible]傳可
免而黃冊之追不可免何錢徐[illegible]重而黃則
反不重並以為不知管徵之無所不知逕役
即冊中之丁庚佴冊訓謄徵無所考夫況直
役湖疲可省而查之徵不叫首河徵役擱
之所黃冊反不急出是以不之不完役不
均該管上司必成飭之承錢之不則仕作改
誤設管降讀罪所故所事所急誤讀全於黃
冊法令雖重人皆習為延常違誤明限擬
有之而該管監司肯將歷未事例者實案行
者果行人敝其日為迂遠之務侵料一朝一
冬之故夫長等職掌所關且大任將里役
分伊通若不再為申

請嚴飭戒總漕吏役文冊竟不削爲一體時失
亦則該庶官曉職之罪目寔大復何詳伏之
下到部部牌行都察院通行各該巡按御史文黃
移到該日邵牌嚴行轄行按屬地方按卸文月
冊并驗冊經管管更冊提問如律追限二限簡冉
違限乃簡冊作遞起解赴湖以便清查如冉
違定該照前查參重究照前工知警而冊
前行以其又該有譬而發鑄可以盡其一
法勢者之今倘有根本之盛將超古今而稱
陰其所至　行激切懇祈之至緣係大吞將
完湖門未詳懇允
明鑄陽
聖
乾斷亟懇敕該有司以亟賦籍事理爲此開坐
只本謹題請
千奉
聖旨户部知道欽此欽遵抄出到部該　司案查
各爲湖冊多年未到有悞大查再乞
　明

[illegible]
等衙門管理黃冊給事中等官[illegible]事題
隆慶六年輪當大造黃冊查得嘉靖四十一
年至今本湖冊數有欠嘉靖[illegible]一年分全
冊除四十一年分未解外該等冊要將原欠
黃冊經管官員通行提問立限解湖各該問
過紙贖銀兩併解應天府貯庫等因已經題
奉[illegible]之
欽依後咨都察院轉行各該巡按御史查問備
解去後今該前因案呈到部看得南京戶科
等衙門管理黃冊給事中等官王[illegible]等題稱
嘉靖四十一年至今本湖投過冊數有欠遠
靖四十一年分并隆慶六年分試後黃冊并
駁冊乞要通行各該巡按御史嚴行督冊官
各將原欠黃冊并駁冊經管官吏提問如律
近限二箇月遠限四箇月作速起解赴湖以
便清查一節為照黃冊關係之
計至重天下錢糧徵役根本於此豈容差闕

節經本部申明催徵乃各地方官視為迂太
漫不留心舊欠參久而不完漸造積多未
至玩愒如此要在查究既經給事中等官王
符等具題前來相應依擬題
請恭候
命下本部移咨各部察院轉行各該巡按御史嚴
行督冊官先將後開各地方原欠黃冊并駁
冊經管官吏行提究問如律仍即催徵造完
以文到日為未近者二箇月遠者四箇月
以彙作速解赴南京戶部發後湖侯查并將紙
賠銀兩解赴該部轉發應天府府庫如再遲
遞延聽後湖將冊科道官查參從重究處伏
乞
皇上緣係大造將完湖冊未到懇乞
聖明俯賜
乾斷亟懲違慢有司以正版籍及未
欽依戶部知道事理未敢擅便開坐謹題請
旨奉

聖旨是
萬曆五年
八月南京戶科等衙門管理黃冊給事中等
官臣王蔚等謹
題為畿郡黃冊兩次沉誤懇乞
聖斷嚴究玩違官員以正法紀以重圖籍事臣等
仰惟黃冊之造於天下也乃一統民數之攸
關後湖之貯乎黃冊也乃為年版籍之所稽
攢造有期而舊管新收開除實在之甚明此
賦役黃冊之所以不可緩也遺錯有駁而飛
詭埋沒影射隱漏之弊掩此駁語黃冊之所
以不可少也無賦役黃冊則天下之戶口無

所考無駁語黃冊則賦役之蠹弊無所查覈
者名雖有異實則相須其迎解皆有
欽定之限其違誤皆有懲加之罪立法定制既
詳且嚴固行之萬世而無弊達之天下而格
遵者也但法令雖重人多視爲泛常期限雖
嚴年久習於玩愒各該司府州縣等官罔肯
上緊督催以致里書人等恣意遷延不行依
期迎解臣等被
命接管以來夙夜警惕惟恐無以仰答
世宗□之與戒
皇上委任責成之意皆同在湖應查員役一一
清理查得蘇州四十一年分解部黃冊并隆
慶六年分賦役黃冊尚多未到有誤大查之
該臣等於萬曆四十七八兩年
題
欽崇
明旨飭催戶部移文催儹迄今又逾一年前項
未到黃冊解至後湖者大約不過十之一二
其餘依然玩遏沉閣臣等稽覈無由殊切痛

悵以爲遼遠州縣[illegible]照[illegible][illegible][illegible][illegible][illegible][illegible][illegible]上[illegible]
衙門錢糧[illegible][illegible]有司[illegible]也一[illegible][illegible][illegible][illegible][illegible][illegible]
其中或有收也二[illegible]或一[illegible][illegible][illegible][illegible][illegible][illegible]
議也俱遵奉
前旨候各該巡按御史查照原題催解不敢[illegible]
行參
奏以瀆
聖聽乃若直隸非[illegible][illegible][illegible]所屬山陽等十一州
縣所供皆正項錢糧在發[illegible]之內選非遵
遠上官等處可[illegible]頗將[illegible]解[illegible][illegible][illegible]不[illegible]至
十七八年賦役黃冊[illegible]不五六年今不[illegible][illegible]
議[illegible]官員果何所見[illegible]載放違
欽限如此耶將謂田畝之被水災也然水災之
後從多論役非黃冊則後來[illegible][illegible][illegible][illegible]何[illegible]
所稽察也將謂戶口之多寡[illegible][illegible]然之古之
又從照復業非黃冊則後來[illegible][illegible][illegible][illegible]何從
而發冊也故冊糧可免矣而[illegible][illegible]載錢糧者
充不可免征役可省矣而所以紀征役者[illegible]

後湖志　卷五下　八十六

不可省者也地無災傷則經界倚放民無逃
亡則此斷可睛或於黃冊視為兵市至[illegible]歲
災地多全賴黃冊以為裝本其造解太官急
急亟不災傷不[illegible]於推實以時部已不辭矣
黃冊不[illegible]旁[illegible]彙而雜備為際而意近
皇
上精[illegible]夬[illegible]頭以壽長之荷任不[illegible]
部[illegible][illegible][illegible]法[illegible]王之此極黃青貫精之
[illegible][illegible][illegible]申[illegible][illegible]界王駭語黃冊不可
[illegible][illegible][illegible]午[illegible]不[illegible]巴武段而垂刻
[illegible][illegible][illegible][illegible][illegible][illegible][illegible]受八年見[illegible]年
[illegible][illegible]貴[illegible][illegible][illegible][illegible][illegible][illegible]年不時
[illegible][illegible]無[illegible]亦[illegible][illegible][illegible][illegible][illegible]故[illegible]茂
六府將不繳復[illegible][illegible][illegible][illegible][illegible]肯遠方
伊通若不嗽為中
命
則有罪官員無所懲戒而刷籍並移鎖成廢
旨
地長伏乞

彩下户部移咨都察院轉行巡按御史將
該府及所屬當户并附近官員服查素行如
果少於糧累黄冊一事別於職業無弊亦宜
從重問擬遣戍照例施行
准其何住歩俸糧必待前回解到取有批迴方
許奏
請開俸若此籍既以傳疑而詐務滋開廢墜則
久從地步將何所賴也其分別隱漏多寡
奏屬處照法紀以將而臣工知警矣再照督造
黄冊官司官吏往也僧侶責其嚴懲按御史
也督造不嚴則巡按得以論劾之催督不完則
衙經得以考成之吏矣
天語飭諭都察院并該科於各處巡按後
命之曰如錄次題催黄冊斷分未完遲即任使
下備即行備案參論定以不及之等明黜維
既舉萬目自張我
皇上乾綱獨御領之要熟有大於此哉臣等無任
激切懇祈之至緣係纖郡黄冊清次況異懇

之
聖明嚴究玩違官員以正法紀以重圖籍事理未敢擅便為此具本謹題請
旨奉
聖旨戶部都察院知道欽此欽遵抄出到部送司案呈到部臣等會同都察院左副都御史都光先等看得南京戶科等衙門管理黃冊給事中等官王尊等題冊有隸准次有解所縣以陛等州縣未到據稱內十一作駁語黃冊所發變六年成造黃冊內已要將該府多所駁冊印并脩造官員職名開擬作弊於別務要逐沈溺污別隱弊參處以憑將各處遞按御史復之日如節次題准黃冊駁合未送都察院弁該科即行檢舉參論各一節為照黃冊發藏戶口田糧之數門係
國計至重攢造有期違錯有查出然獨先該管冊衙門通催各處未到駁回冊本部遵

題將行究問催儹不爲不嚴但一名處官員相
沿視爲泛文全不經意如淮安一府駁語黄
冊延至十五六年賦役黄冊延至五六年新
舊俱未完解雖地方災傷頗多繁難而章
額數豈可湮滅在經管者既已玩愒上先而
接管者又復遷延漫不後長當嚴究既經南京
科部具題前來及要責成然後御史催儹無
非慎重版籍之意相應酌議題
請恭候
命下備行廬鳳淮揚巡按御史仍督淮安府并
所屬山陽等十一州縣未到駁語冊并賦役
黄冊節行如何不行造解將今掌印官并督
造經管官吏即便行提問徒如律有贓之
其者從重參究一面加意嚴限各要催造完
備速解南京戶部發湖收查并問過贓贖銀
兩解赴南京戶部發應天府貯庫毋得浸爲
泛常任其躭閣其名處然拔從
之日行其任內首有節次題催黄冊勘合未

經究報者半院從該科照依考成事理分別
參論罰治照吾工知照例罰篇可充矣伏乞
聖裁緣係錢部黃冊兩次沉誤懇乞
聖斷嚴究玩違官員以正法紀以重國籍及奉
欽依戶部都察院知道事理臣等未敢擅便謹
題請
旨奉
聖旨是

萬曆七年
七月南京戶科等衙門管理黃冊給事中等
官臣王蔚等謹
題為預建黃冊庫房以宜圖籍事臣等照得後湖冊庫自洪
武十四年起至隆慶六年止每遇十年一次
入造黃冊俱預期蓋造冊庫三十間以備收
貯查得隆慶六年大造黃冊預於隆慶三年
具
奏起蓋冊庫萬曆十年復該天下司府州縣等
衙門大造黃冊解湖其貯冊庫房及所應照例
先期蓋造況今後湖新洲該建冊庫處所四
旁草木茂盛被水浸淹剪除欄刺工程浩大
尤不可不及早開荒整理伏乞
勅下二部轉行南京工部查照先年事例委官

帶領匠作人等遇[illegible]須勘并議起一應合用
物料夫匠等頁茲造詳庫二十間及冊架披
墊板木齊備庶下孫款有錢冊籍其有賴矣
再照冊庫每座必二十間每則必十餘非
築杵固則基址不堅非材木真則蟲蠢致
況建之湖中物料頓難於紙運出自官淹
久恒至於之鋪無以督興接管不常夫更
換不一排設[illegible]易責戊難專生往等造積
頒圯其易告底[illegible]既報壞接腫或一牆磚
丁腐致拆一[illegible]牽[illegible]或一梁一柱蠢朽拆
金庫督動常此之特欲上前其壞處則拆
背房不耐久欲盡修九合庫則折建者難
更造以此隨修隨壞造雖[illegible]久東柱西革
無完專要而無續費而無補皆固仞工慎
責成不嚴折致也假如切建官匠谷矣着
實如民關自已[illegible]造易屋縱勸中木氣濕
人煙陽遠易於抵[illegible][illegible]小以可以延數年
必久門至功完而卸[illegible]於其邢更乞

行該部今次造作冊將督工官員作頭役
監作逐一刻名於原造小柱定限或五[illegible]或
七年必出限無壞方與原修官匠無干如限
內有前項損壞者明係經管湖手人員不行
用心如法蓋造不論官匠一體依律問罪仍
並責令賠償修理大如是庶非既有所歸則
工必不敢易此亦慎重圖維之急務也緣係
須建黃冊庫房攸重圖籍事理為此具本專
差辦事吏趙文齋捧謹題請
旨日奉
聖旨工部知道

萬曆八年
七月南京户科等衙門管理黄冊給事中等
官臣王蓟等謹
題爲有司故違
欽例擅留駁冊罪贓懇乞
聖明究處以濟湖用以重圖籍事臣等竊惟我
國家黄冊貯藏
之後湖凡天下户口事產之數盡在其中通
專設給事中主事等官以管理之誠非細務
也自洪武十四年起至隆慶六年止大造二
十次矣承平之久弊爲日滋中間埋没詭計
影射違例等項一次多於一次十年甚於十
年語查駁則有書算之費歸贓守則有庫匠

之費語修理則有艱苑木植之費語冊籍刷
有一紙張筆墨之費每查必須五六年每費必
諭一二萬切取辦於上元江寧之里甲偏累
負吏後暫借於龍江鹽倉之積贓宜難久
節經南京刑科給事中史魯等南京戶科給
事中曹邁等以擊其弊題
准行天下司府州縣將贓罰贓銀兩比照
在京例差清軍御史衙門專解南京戶部轉
發應天府貯庫以取前項不費之費不許
移不准
前自此之後上江二縣之貧民始得息肩後
湖諸衛之消繁又不告之戚取一毫分之中
未六見成之內不擾一民不利一夫而自足
為縱久可行之道法制之善人皆之便莫有
過於此矣顧適來人心玩愒百計復隱往往
籍口部門存留戶等自復
後任以來節以南京戶部江西清吏司手本
坐續開送江西南昌等府豐城等縣隆慶六

年公[illegible][illegible][illegible][illegible][illegible][illegible]查得該省[illegible][illegible][illegible][illegible][illegible]大
忠具與合查[illegible]并[illegible][illegible]楊並[illegible][illegible][illegible][illegible][illegible][illegible]補
近奉明文銀[illegible]錢[illegible]秋長[illegible]錢肆并鈔價許
留外北將銀[illegible]解報南昌府[illegible][illegible][illegible][illegible]原紙[illegible]
銀肆百叁拾柒兩玖錢伍分止解[illegible]陸錢貳
百陸拾貳[illegible][illegible]錢柒分[illegible][illegible][illegible]肆銀[illegible]百柒
拾伍兩壹錢[illegible]分又入官贓銀[illegible]拾貳兩肆
錢壹分奉新縣[illegible][illegible]丁玖拾存[illegible]壹錢壹分
貳釐伍毫解壹百壹拾柒兩伍錢壹分留柒
拾捌兩陸錢柒釐伍毫靖安縣[illegible]肆[illegible]陸兩
玖錢解貳拾捌兩壹錢肆分留壹拾[illegible]兩柒
錢陸分進賢縣銀叁百肆拾肆兩肆錢伍分
解貳百陸兩陸錢柒分留壹百叁拾柒兩柒
錢捌分寧州銀柒拾壹兩陸錢解肆拾貳兩
玖錢陸分留貳拾捌兩陸錢肆分建昌府廣
昌縣銀柒拾柒兩陸錢伍分解肆拾陸兩伍
錢玖分留叁拾壹兩陸分南豐縣銀捌拾伍
兩伍錢伍釐解肆拾玖兩玖錢捌分留叁拾

伍兩伍錢貳分伍釐新城縣銀陸拾陸兩壹錢柒分解叁拾捌兩捌錢貳分留貳拾柒兩叁錢伍分兩減縣銀壹百柒拾肆兩捌錢貳分伍釐解壹百零壹兩肆錢叁分留柒拾叁兩叁錢玖分伍叁兩安兩崇義縣銀叁拾兩貳錢新壹拾[illegible][illegible][illegible]錢肆分留壹拾貳兩叁錢陸分南柒[illegible]銀柒拾陸兩零伍分解肆拾伍兩肆錢叁[illegible]留叁拾兩肆錢貳分大慶縣銀叁拾[illegible]兩柒錢解壹捌玖兩貳分留壹拾貳兩柒錢[illegible][illegible]南康府解[illegible]縣銀壹百貳拾正兩叁錢伍分解永拾[illegible]兩貳[illegible]壹分留伍拾兩壹錢貳分[illegible][illegible][illegible]柒[illegible]拾[illegible]兩貳錢解伍拾壹兩[illegible]錢[illegible]分[illegible][illegible][illegible]肆兩[illegible]分建昌[illegible]柒壹百陸拾[illegible][illegible][illegible]錢解玖拾[illegible]兩玖錢[illegible]分留釐拾[illegible][illegible][illegible]錢[illegible]分吉安[illegible][illegible]泉縣銀壹百玖拾貳兩玖錢解壹百[illegible][illegible][illegible]兩柒錢肆分兩柒拾柒兩壹錢陸分[illegible][illegible][illegible]永豐縣銀壹百貳拾叁兩陸錢伍分解[illegible]拾肆兩

壹錢玖分留肆拾玖兩肆錢陸分入官贓銀
肆兩貳錢[illegible]陽縣銀壹百陸拾壹兩壹錢伍
分解玖拾陸兩陸錢壹分[illegible]陸分肆[illegible]肆[illegible]
陸分貲溪縣銀貳百[illegible]拾伍[illegible]參錢[illegible]分[illegible]
埜伍[illegible]解[illegible]百伍拾貳百參錢柒分[illegible]
壹百貳兩玖錢玖分貳[illegible]分[illegible]
百捌兩貳錢伍分解陸拾肆兩玖[illegible]伍[illegible]
肆拾參兩參錢與[illegible]縣銀玖拾柒兩[illegible]
分解伍拾捌兩柒錢柒分[illegible]參拾玖兩[illegible]錢
捌分上饒縣銀貳百柒拾參兩捌錢柒分伍
釐解壹百陸拾肆兩參錢貳分伍釐留壹百
玖兩伍錢伍分饒州府浮梁縣銀貳百壹拾
伍兩柒錢解壹百貳拾玖兩肆錢貳分留捌
拾陸兩貳錢捌分德興縣銀伍拾[illegible]兩貳錢
解參拾肆兩玖錢貳分留[illegible]拾參[illegible]貳錢捌
分鄱陽縣銀壹百柒拾肆兩[illegible]錢伍分解壹
百肆[illegible]捌錢伍分留陸拾玖兩玖錢贛州府
[illegible]都縣銀陸拾柒兩壹錢解肆拾兩貳錢陸

分留貳拾陸兩捌錢肆分又贓銀貳兩貳錢
定南縣銀壹拾叁兩捌錢伍分解捌兩叁錢
壹分留伍兩伍錢肆分寧都縣銀貳百叁兩
柒錢解壹百貳拾貳兩貳錢貳分留捌拾壹
兩肆錢捌分又入官贓銀壹兩石城縣銀貳
拾玖兩捌錢伍分解壹拾柒兩玖錢壹分留
壹拾壹兩玖錢肆分信豐縣銀叁拾伍兩壹
錢解貳拾壹兩陸分留壹拾肆兩肆分又入
官贓銀壹兩會昌縣銀貳拾捌兩玖錢解壹
拾柒兩叁錢肆分留壹拾壹兩伍錢陸分又
入官贓銀壹兩龍南縣銀叁拾壹兩解壹拾
捌兩陸錢留壹拾貳兩肆錢贛縣銀貳百貳
拾壹兩伍分解壹百叁拾貳兩陸錢叁分留
捌拾捌兩肆錢貳分又入官贓銀壹兩安遠
縣銀貳拾陸兩壹錢伍分解壹拾柒兩柒錢
玖分留捌兩叁錢陸分興國縣銀壹佰伍拾
捌兩柒錢解玖拾伍兩貳錢貳分留陸拾叁
兩肆錢捌分端金縣銀叁拾兩叁錢解壹[illegible]

捌兩壹錢捌分留壹拾貳兩壹錢貳分袁州府宜春縣銀壹百叁拾肆兩解□拾兩伍錢留伍拾叁兩陸錢分宜縣銀陸拾柒兩伍錢解肆拾兩伍錢留貳拾柒兩萍鄉縣銀壹百伍拾壹兩陸錢解玖拾兩玖錢拾肆兩叁錢兩陸錢肆分萬載縣銀壹百捌拾肆兩叁錢伍分解壹百壹拾兩柒錢壹分留柒拾叁兩柒錢肆分九江府彭澤縣銀叁拾壹兩伍錢解壹拾捌兩玖錢留壹拾貳兩□□德安縣銀叁拾肆兩玖錢伍分解貳拾兩玖錢柒分留壹拾叁兩玖錢捌分湖口縣銀叁拾壹兩伍錢解壹拾捌兩玖錢留壹拾貳兩陸錢壹昌縣銀貳拾壹兩肆錢伍分解壹拾貳兩捌錢柒分留捌兩伍錢捌分臨江府新淦縣銀柒拾叁兩肆錢解肆拾肆兩肆分留貳拾玖兩叁錢陸分臣等身遇過湖接文之際見之不勝驚駭拊膺熱中切恨該省當事臣工有何所見乃敢故違擅留不行盡解如此耶夫

罪贖之解應天府非積之無用之地也所以
待後湖萬不可已之用也後湖之用又非一
家之私費也乃以天下之財供天下之用也
且題奉
欽依遵行已。又罪贖之多寡固難取必，然天下
未有一處不解，亦未有一處解不盡者。獨該
省忽然解其陸分，留其肆分，又不明言奉何
明文使其所留者仍充官用，已違例也。盡恣
觀彩以充私囊，而資姦滑，豈可哉。況後湖書
費仰給於此省甚急，而聽其沉匿不行追查，
恐各省聞風效尤，將來後湖之用大有可憂
者矣。逮其不足而後設處奏補，則前日之偏
苦權宜之弊必將復起，下而遺累
朝廷之非于上而有損
國家之體。合臣等今日依違之罪，即萬死何贖。
事關積弊，不敢緘默。所據該省首有罪人員，若
不重懲，無以示戒。伏乞
勅下戶部議覆，移咨都察院，轉行彼處巡按御

決將該省各府州縣掌印并督造官員提問
如律仍查原留錢肆罪贓并鈔價贓銀果封
貯見在勸令變銀解補如或有承移侵欺等
情太當盡法重究庶臣工知警而湖不匱
民累永除而圖籍有賴矣緣係有司故違
欽例擅留駁冊罪贖懲乞
聖明究處以濟湖用以重圖籍事理為此具本
謹題請
旨奉
聖旨

卷六十

萬曆八年
七月南京戶科等衙門管理黃冊給事中等
官臣王蔚等謹
題為申明賦役黃冊事例懇乞
聖明嚴諭承造官員如式攢造以重圖籍以濟
實用事臣等各准奉本衙門關劄管理後湖
黃冊自萬曆叁年接管以來清理洪
武等年黃冊則仰我
朝圖書之其備查駁隆慶六年黃冊則仰我
部編纂之甚廣因有以知我
太祖臨御之初即以天下戶口藏之後湖嚴密
之地良有深意所以至今貳百餘年各處與
籍多有散逸惟後湖黃冊收貯井井有條傳

天下質版者知有全冊在斯不惟樂於輸賦
佚役凡有車匠來歷不步日至爭競不定皆
不遠數千里齎文告查此其乃係成非聯以
也乃說者不知有曰黄冊抄甚墊費有曰與
貧徵不問有曰徒虚設無造實用緣是陸慶
六年工科給事中鄭岳曾選
聖另造清丈實徵文冊定黄冊併解後湖稽查
是且無為實徵文冊真偽莫辨無從稽考即
別立實徵行色則
祖宗黄冊料愈務矣臣等私切痛恨以為黄冊
國家重務豈宜如是及查戶部原定舊造冊式
并後湖歷年收架黄冊知人言果有大謬不
然者何也蓋造冊之式先若今次新式[illegible]閘
階而以實在終焉原非一定不[illegible]實成二制
使各該衙門依式康實徵造謬以旦為則役
黄冊則實徵之錢糧即此冊所謂賦也實徵
之人丁即此開所謂役也又何不同之有哉
催文冊造繁造報沿逐各該有稽查造提調

等官率視為泛常不行照自對勘以致吏書
里老人等得以通同作弊是以所解
黃冊蕪違莫一如福建廣東四川湖廣雲南
貴州等處收除額外與原式不相遠也北
直隸山東河南陝西山西等處長除十不開
一每次止將人丁加其年歲照舊謄造山西
更紙張粗薄字樣潦草不免幾於塞責矣南
直隸蘇州府并浙江或有收無除或有除無
收內多飛詭影射差錯之弊常州府冊樣甚
大不合原式江西撫州府并廣西紙張粗飾
十常八九易為蟲蛀此非黃冊之法不善皆
各處承造者之罪甚非所以尊
朝廷重圖籍也雖屢行參究而實不改故習不
知以民為本民以籍為定如冊籍之造弗慎則
賦役之派弗均豪強得計良弱受害生民之
張散
國計之盈縮恒必由之誠非細故是在循行故

後湖志　卷之十

事之時且不可任其廢弛所謂當我
皇上精覈吏治加意民生法必求行事必責實
此何等時也又戶部近年為省繁文以節財
用事理
准止造後湖賦役黃冊一本况往年尤為省便
豈可聽其因仍苟且不加意查造以濟實用
哉萬曆拾年又該天下大造黃冊之期戶部
之議況俱在歷年之條議甚悉所有合行事
宜若不先行申明嚴加禁治誠恐各該官吏
里書人等不以版圖為重仍前玩愒遷延歷
應設事深為未便伏乞
勅下戶部查照舊例預將本部原定冊式及冊
查歷年以來各項[illegible]
准事例通行刊入榜內并該[illegible][illegible]先[illegible]差人齎
去各該司府議[illegible][illegible][illegible]所[illegible]者照[illegible][illegible]造推選
兼能公正手力精敏官員專管其事[illegible]該司
府州縣掌印官時常提調以行令[illegible][illegible]撫按嚴
行將冊等官親臨比較[illegible][illegible]到日[illegible][illegible]令[illegible]書

尤將[illegible]刻寫無改八十改正[illegible]冊[illegible]與監
造官員收掌以為令式舊管後取各戶親供
除單民至竈等戶照舊許開外其餘自鬻爾
拾年正月為始年終為止或有析詭人丁并
買賣事產丈出田土即開於新收項下或有
事故人丁并賣出事產除豁舊管開除於閻
除項下收除吠叮卜總結一實在務約徽相
合務字樣負指務紙張堅白務與各處見行
賦後冊無異所謂實徵文冊者不必再行造
解以省繁文不禁積年人役包攬[illegible]科求
亦不許濫委貪猾無為耆老官員管理以滋
弊端黨其閒告有姦民豪戶或胥詭寄冊地
飛走稅糧埋設軍匠隱漏丁口那移里甲等
項情弊許令自首改正並免追問各於改除
項下明白聲說以便查對待其黃冊造完查
果無弊家限用印鈐封起解赴京戶部詳送
後湖投查若首冊挖補監造官員有能依限
解繳驗有批迴各無按官與在將人賞其

奏准匠役致厯不定皆聽併傳遞作夫仍照舊經此
該吏書人等點併復家業數果之額則此
無民受於自新官敷於發勸放齊可以比華
冊籍得以畢究而[illegible]辯[illegible]俱不為[illegible]也
臣等不勝養懼仰望之至緣係申明賦役黃
冊事[illegible]未敢[illegible]
聖明嚴諭承造官員如式攢造以壹冊籍以齊
實用事理為此具本謹題請
奉
旨

萬曆十一年
六月南京户科等衙門管理黄冊給事中等
官臣余懋學等謹
題為大查屆期駁冊未到懇乞
聖明嚴究怙終衙門以重版籍以肅吏治事臣聞
有恃而犯謂之怙再犯不悛謂之終君令違
慢駁冊衙門恃
君門之萬里屢申飭而故違皆所謂怙終者也
臣等查得萬曆五年以前該科任給事中臣
王蔚等查將隆慶六年分各省直黄冊款弊
發出奏行經該衙門對款改正造冊報期繳
因各處造報不齊又該臣王蔚等查將各省
直違慢衙門題參

欽
依通行各該巡按御史提問[illegible]負立限不解
蓋又二年於此矣其解者十之三四其[illegible]解
者十之六七及查嘉靖四十一年分駁[illegible]亦
尚有至今未解者夫前次之駁冊固今[illegible]清
查黃冊之張本也若駁冊未全則雜有負冊
之至臣等執從而質之又執從而查之臣等
竊意各處駁冊之數年不解是必有豪猾里
書通同作弊胥冊到而弊難萬之慈選延希
圖況匿是豪猾里嘗之罪不能追也上之則
各州縣官之侵規限闊故違
上
命是州縣官之罪不能追也又上之則司府
官之徇情寬縱苟且目前是司府官之罪不
能違也至如巡按御史奏有考以事例而違
限不完未見家究玩視
欽
依姑息下屬是巡按御史之外亦不能辭也
臣等奉
官理暗蠹抽終難容緘默伏乞
[illegible]

欽下戶部轉行都察院通行各該巡按御史即
將後開駁冊未到衙門經該官吏畢許人等
提問如律若有規避從重究處官員作漁截
日限文冊速完報自文書到日為始近者兩
箇月遠者四箇月作速起解到部送湖收庋
批廻方將該管巡按御史仍將各住過緣根
問過罪名開報吏戶二部查考如本年十月
之內各處數冊俱齊未到即係巡按御史因
循慢令容臣等公同地方遠近查照東故查
參議罰庶幾臣工有所警惕而州縣不致遲
悞矣緣係大查屆期駁冊未到懇乞
聖明嚴究怠緩衙門以重版籍以肅吏治事理
為此具本謹題請
旨奉
聖旨戶部知道該本部覆題奉
聖旨是

六月南京戶科管理黃冊給事中臣余懋學

謹
奏爲冊務完解愆期有司玩視故事懇乞
聖明及時申飭振頹敝以重圖籍事臣惟人有恒言每曰
故事故事云者忽其事以爲不肖爲但以其
自昔相沿好爲之了此前件爾是壞國家紀
法之始長天下慢易之念者皆此一言爲之
也聞之曰率由舊章監于成憲夫舊章成憲
獨非故事之謂乎率之監之夫何可以慢易
視故哉
國家賦役黃冊十年一造備浙徵湖攷官查理
善精者有罰埋沒者有罰詭寄隱漏者有罰
飛走那移者有罰防範周詳法令十密二百
年來土地之關人民之黎歷壁如芸苗等官
司有所徵發細民有所爭訟一繫查冊察辨
莫施則以後湖歷年之所貯者至完且備也

臣舊歲在籍適當大造之期聞
欽限當於年終進呈本縣官吏里書畫使攢造
無敢怠慢及冬務即已完解臣竊意以為
冊務完解之同人臣急公之義當若是矣迺
臣今歲蒙
恩起用備員管理則見上年之黃冊猶有未到
今歲之冊解十不二三勤惰不同聞見迥異
查
欽限既已愆期聞各官尚多慢令臣誠竊有大
不安於心者臣等隨即移文南京戶部查照
節年題
准事例嚴行催督臣每遇各省首官吏人等間
以他事至京與臣相見必問其該省黃冊完
否若何則或對曰故事爾尚未動頭又或對
曰故事也今方起手又詢其該省管冊之官
則往往又有陞遷而去者矣臣聞人言不勝
驚駭竊念賦役黃冊乃備載天下田土人丁
之數稅粮曰賦出取諸田土徵徭曰役熏取

後湖志　卷之十　一百一

諸人丁官司視此以派徵百姓視此以輸納
其闕係不為不重通年以來管冊科匠除
奏申明慎簡賢能每省司佐一人每直府佐一
人一名題請給與
勅書專理冊務其責成不為不切乃各官尚石
詔繫舊套視若等閒完解逾期因循自若歷
不知
勅書之所以專責者何如該部之所以考成者
何如而各官乃敢遲慢之若此也匠當反覆
思之黃冊不宗之幷其故有因管冊官之以
傳合視衙門世州縣委官之貪贓遷廷也衡
京之威冷不行於省在也此令雜申而當事
若未一着賞奉行也而總之則持一故事之
心堠之也傳合視術門則受任之若使因
以待遷既逕之後東文書於專閣帶管者以
非學貴代任若以非巳事而黃冊遂無完田
錄趁故文仍帶冊官之冊歷而後備可究也
[illegible]

究冊務之完，延一日則得日之利，延一歲則得一歲之利，里書緣以為奸，黃冊因之廢。問是故必懲委官之受賄，而後冊可完也哉。令不行，故人無顧忌，此見以為家之鈐典，彼見以為案牘之空文，無俟不以考成。司府因而玩愒，日復一日，年復一年，益有令輸之黃冊未解，而下輸之攢造又及期者矣。是故必重南京之事權，而後冊可完也。科臣建白，戶部題覆，住俸問罪之例非不屢屢申明也，然自題

准以來，黃冊之不如期者多矣，住俸者誰乎？問罪者誰乎？此輩有參究之名而無參究之實，竣緣有違悞之失而無違悞之罪，問以為常語，不足懼。是故必行實舉行住俸問罪之例，而後冊可完也。臣又惟責成切而後人有所持，諸事權重而後人有嚴憚。查得京官註差，若太僕寺之馬政，少卿寺丞皆奉有

敕書行事，以故各省有司官員雖在遼遠亦知畏

湖志　卷之十　十五

弄漢六大丙黄冊臣有辦有管理之責而權力
不善之外雜事繇役
而原素紛有事
可以為告之攜此以故預請雜勤而人不
飭長立令而人不加飭亦駁徒嚴造報
多慢且令管冊司府等官亦經請給
書以示更等奏
大查又後非得
育嚴敕何以做惕中外如臣之見
敕乞
上勅下該部大查黄冊之
皇題請
年一理道查各件奏
事理備敕內行中飭齊付臣管理二
與同添委道部諸臣欽遵行之
臣照舊例臣與管理部赴京

則請以照南京管務事例給與
傳勑永爲遵守十年大查另請換給斷則
天威其嚴臣等畏此
簡書之重自不敢萌苟且之念而中外臣工[illegible]
揚
新命亦將夙夜趨事而無後效有後期者矣此
又振頹敝重版籍之一大機括然非臣之所
敢必也至於各處黄冊虛文痼弊習以成風
容臣等今次嚴加查核務有見附條列上請
不敢沿襲舊套虛應故事以負任使其見在
未解各省直查違
欽限已越半年管冊諸臣通應任俸幷乞
勑下該部移文各該撫按嚴行所屬任俸督造
動限完解近者限七月到湖遠者限九月到
湖已解在道者嚴解批迴不得寬縱若州縣
冊完而該府號闊咨在該府該府冊完而查
政司總閣咨在該司司府因循撫按叅劾故
於實缺延等查叅臣等又查得隆慶六年分

如山西代州繁峙等州縣經今十年未
到若不重加懲究何以大一統而昭王
之嚴行彼處照依查將先後接管官吏
部罪仍行補造以備一輸之冊以示
臣一介草芥重荷
臣以故事視臣職是苟祿也臣知其
敝而不以聞於
大百一得之思撫有論奏亦總
防該部俾無以故事視例坐奏則合
節不敢以故祈籍而臣亦當
有臣以無遣尚故以懲究之至錄係
明失刱任㳂切圖慄課
時中川坑稅故以事懇乞
具奏飭振顧敕以重圖新事

奏
旨戶部知道欽此欽遵本部覆題看得應[illegible]
理黃冊給事中余懋學
奏所賦役黃冊備載天下田土人丁之數爲的
粮衛役之非開係甚重各省直造冊完貢茲
爲舊套因循不行完冊者其故有四乙要節
菅冊官之推此弊交官之受前正內京之事
權嚴任佯之非例次變且照出此與營務害
例請給
傳勅傳勅以永遵守其已在各省且造洲堂[illegible]
官員通行檢按司道作係諳造久稱山西[illegible]
州繁寺等州縣隆呉人月分黃訓經令十年
尚未附到嚴行彼虎從被奪史查推接曾嘗
吳是究問罪備造以備一龍全冊各一節爲
黑黃冊備載天下戶口田襍軍民州匠之圖
別民生物庠之登耗皆係於此冊籍明測頭
於之輪納差役之審編甲中之吏畜田土之
旌牧皆可被圖而指掌冊籍素則奸民豪中

後湖志　卷之十

一百四

稅洪六 補之下
詭寄飛走隱瞞脫漏埋沒軍伍匠役邪移里
甲貧富承致懷法而獘民故禹貢則懷賦於
中邦周禮登民數於天府蓋國家之命脈敢
事之根本非細故也今制十年一大造內有
科臣部臣以革其事年有司府等官以學其
任冊完解京役行緊查六清奸弊而正誰器
其事覈之慎重須為許器題覆之申詭不營
再三乃各省冊冊尚簡用術引為故事不肯
完解[illegible]中開田報里甲政有變亂作弊與老
冊舊[illegible]人行異同者何懸稽查推原所由盡
以經官[illegible]新紛應幹當問多而負晦還延書
亦有且或[illegible]轄不官交代數易準恢遵慢者
雜有任籐罰治之例未實舉行又朴臣部臣
來頂
勅命則事權不足而人不知警此法雖嚴而玩
請如故令科臣深究弊源力圖振刷請給
勅命以重事權[illegible]於民生
國本深有裨益[illegible]應依擬恭候

命下本部移文
內府翰林院將南京管理黃冊利印諸臣比照
馬政及管務事例撰給
專勅一道問戰一應督造事宜與節行題
准事例咨送兵部差人齎付各官欽遵行事專
完之日赴京復
命有定期而駁冊遲速不等須預給
傳勅一道付接管各官以便查催行事十年再
造
專勅另行撰給至於責委任停推所慇貧斷住
俸問罪悉照本部原題事例行各該撫按着
實覈行不得仍前虛應故事其各省司府州
縣造冊各官有違限未解者通行住俸嚴限
督造完解已解在道者驗行比併掣取批廻
獲日方准開俸未完黃冊過限本年十二月
內解部送湖如州縣冊已解府而府有延閣
府冊已解司而司或愆期則罪坐所由若撫
按官有市恩寬縱者聽該科查參至於山西

代州繁峙等州縣隆慶六年分應造黃冊延
今十年尚未解到尤屬怠玩故違合行彼處
巡按御史提官吏問罪補造勒限解京以
備一輪全冊照法令之申飭以措重而易行
積弊之因循因懲創而有警庶罔咸正罔缺
而賦役均平無累矣伏乞
聖裁謹題請
旨奉
聖旨賦役黃冊係國家重務該司府官員慢不
經心遷延推諉致滋奸弊管理科道等官綜
與勤遵照節年題准事例督造查催稽故違
時參奏處治其罪與依擬欽此

十月南京戶科等衙門管理黃冊給事中等
官臣余懋學等謹

奏爲土司騰申改隸搆隙可疑懇乞

聖明俯賜勘究以靖遐屬以正版圖事准南京户部四
川清吏司手本爲暴横孽屬淪蝕
太祖成規變亂
朝政攢改版冊懇乞大振
乾綱嚴筆究正以懲欺逆以免駭累事奉本部
送據四川酉陽宣撫司申稱事略言本司
所屬石耶洞每年造黃冊但由本司裁造
今被楊正魁擅違成規捏寫重慶衛衛頒解
赴布政司數實數同仍從正魁故違不服造
報本司遵奉布政司信牌差人拘揚秀忠前
去石耶催造被將秀忠夫打扯毀公文中蒙
巡撫張都御史巡按宋御史批行石耶導照
大造黃冊一應文移照舊繫下酉陽宣撫司
之下取結轉報屢行正魁抗違不服又經申
蒙巡撫孫都御史巡按宋御史批行督冊王
參議行委南川縣典史龔儀親詣石耶省諭
正魁創兵挾制面罵委官有傍諠吏員出身

典史豈足掛齒就是總撫來也不過如是怎磨得我甘結黃冊怎肯輸造等語委官見勢兇狼只得退回早報申乞照詳移咨撫按轉行布政司并當差商門差委廉能重職親詣仰耶行拏揚正魁正法究罪取具輸結遵照戊規仍釐本司責令將該司黃冊齎同本司忠孝等壹拾壹里黃冊類解布政司鈐印解繳南京後湖知揚正魁故違私擅改隸先行齎解乞行後湖嚴查自洪武迄今節解梁冊比料駁回依律究罪改正等因到部送司備行到湖民等凡之不勝駭異隨揭查石耶洞長官司黃冊自永樂拾年至隆慶陸年□拾宗梁俱係爲酉陽宣撫司典該司所中無與爲照版籍不可以輕參紛□豈容於擅更令布耶長官揚正魁乃敢妄蔽非分不守成規耻於服屬酉陽擁欲阬隸重變撫按不能節制委官受其敢辱信如該司之言則方今一統全盛之時豈宜容此輩徒作姦犯法致

長亂萌爭止壞一面申詞未詳彼中情實發
匪與自斷不可長臣等欲俟彼處黃冊解到
方行具奏緣因現濟月湖久據隱護事關
版圖難容玩折失乞
皇上軫念上司重情
下該部查行該省撫按速將該司所申事情
嚴加勘究如果正堪邊邦不係侵占以杜逆
之罪其或該有[illegible]隙中[illegible][illegible]其起釁之由
行巡按召一示[illegible]人上下之分不容越
天
朝之法不可干犯彼此或有構之嫌而黃
冊決之無改隸之望速照舊規趕造解進一應
流籍文移悉遵
閣
初定制不得一毫變亂紛爭釋忿世世相安
其或侯餘不已稔惡如初則
國
典具存
王
法無赦輕則削奪重則罷除撫按官悉心協
書勘明具
奏
無忽[illegible][illegible]之防務圖桑土之策庶幾處置得宜

土司姓派既精既正而地方亦未有賴矣緣
係土司轄中改隸標營可鎮懾之
聖明俯賜勘究以靖邊圉以正版圖事理爲此
具本謹具奏
聞奉
聖旨土司管轄
設初已有定制易正是如何擅將割分撫按官
亦不行參奏且不究否耶土司照舊隸酉陽
宣撫司與坑邊重治不饒該部知道

十月南京戶科等衙門管理黃冊給事中等
官臣余懋學等謹
奏爲條議大查事宜以裨冊務事臣等奉
命管理黃冊連川逾湖更番查閱竊見所以地
積弊以冊異習慣久而難變人率玩而弗從

苟非大破拘攣，一洗舊套，徒致詳於點畫末
合之徵，而弗究夫傳訛襲謬之弊，是彼中之
造報者固為虛文，而臣等之查覈者亦為塞
責。收圖何禎焉，庸是不避瑣屑，謹以見聞所
及條列數事，上塵
聖鑒。伏乞
敕下該部採議，轉行臣等施行，其於冊務未為
無補。緣係條議大查事宜以裨冊務事理，為
此具本謹具奏
聞。

一計開

一覈故冊。臣等竊見今次各處解到新冊，查
與上輪舊冊相對，有戶口事産收除實在
全冊相同一字不易者，盡緣彼處官吏里
書習於常套，止將舊冊照式抄謄，苟且了
事，其彼中催徵總派則另有實徵文冊，與
見解黄冊大不相同。夫人戶以籍為定，若與
上下異冊，是文具也，焉有版籍而可以文

具爲者，況今值大丈之後，戶口土田從茲一新。合無今次大查，遇有抄謄舊冊者，容臣等駁回該縣，查將彼中見年實徵文冊對款覈實，另造要見某戶先年有何事故，今實徵何人頂允，戶內原報人口若干，今實徵人口若干，原報事產若干，今實徵事產若干，以舊冊所載者爲舊管，以實徵所載者爲新收，以舊冊當豁者爲開除，以實徵見在者爲實在，務使舊冊與實徵相對，實徵又與黃冊相合，備造明白，定限解湖，庶幾冊爲信冊，而不徒文具矣。伏乞

聖裁。

一豁逃戶。臣等竊見各處解到黃冊開報人戶，字有事產收除俱無，一兩實在人丁項下又開有自故絕者，此絕戶也。此等絕戶，彼處官司疑於申豁，以故冊中不敢開除，節年造報，徒存其目，無補實數。合無今次大查，遇有前項人戶開註故絕者，容臣等駁

行彼處官司嚴加覈實除竈匠二籍仍存
原戶以備稽考外其餘係民戶者查實於
絕即便備開明白登計數冊解報本府候
下輪不造冊之時即將此等人戶刻於開除
之下不復造入實在之內以後黃冊永爲
開豁不復列造庶幾冊籍一清而人戶不
復淆雜矣伏乞
聖裁
一嚴詭丁臣等竊見各處解到黃冊開報人
戶多有年至百歲以上者即如揚州府興
化一縣百歲以上者至三千七百餘戶內
有人無產者又二千九百餘戶夫妻並既
已報無而人歲又多過百是并人與土而
俱無之此所謂詭冊也此等詭弊皆由官
司狃於故常不復致察各存實亡殊非
聖明慎重版籍之意况田糧既已清丈豁除而
丁口安可沿襲謄報合無今次大造遇有
前項人戶捏報老丁者容臣等駁回彼處

查將見報百歲以上諸丁盡行除豁仍於
本户口審其見在正丁若干從實開報不
許隱匿以後造冊但有揑報老丁虛文搪
塞者該管官吏各以欺罔論罪庶幾丁無
虛冒而官司有所稽覈矣伏乞
聖裁
一款科則臣等竊見今次各處解到黄冊多
有繁稱官民一則田地若干通計麥米若
干伽不明造起科則例以故查閱之時無
從稽考臣等查得先年洪武初冊每縣田
土俱於冊首備開某田若干科麥若干米
若干桑地若干科麥若干米若干山塘等
項亦然近今試百餘年科則歷歷可據今
如各處所報則官民黎無差等而科則又
復不明恐冊由是蠹而覽從此揑合無今
次大查遇有前項官民一則混淆不明者
容臣等駁行該縣備將肖後起科則例通
行查出要見該縣原額田土若干麥米若

干內某田若干地桑若干某塘若干科
麥米若干今清丈實在田土若干有無奏
請奉何明文混為一則所開見在科麥米若干
民麥米若干絲茶等項若干逐一分別明
白備造文冊解部送湖以便稽考庶幾稅
糧有所查覈而免滲漏術隱瞞矣伏乞
聖裁

省駁冊臣等擬凡上年駁出各處黃將效
弊俱本湖備造千冊銷送南京戶部轉發
彼處官司照數查參另造文冊解報戶部
轉送過湖以致各處究吏里書復指駁[illegible]
為名科派紙張累及小民且造報之時又
多有脫漏原駁人戶不行登答及字畫差
謊復行重駁者是以新冊及將而駁冊未
到往復從期事體未便合無分次大查驗
出各冊姦弊容丞等督令書役備造文冊
逐致開立前半空書其下或三行式五行
鈐蓋完備送還戶部轉發彼處官司查覈

[illegible]治志　卷之十　一頁

明白即於原冊前件之下從實登註完日
差人齎繳解部送湖不必另造駁冊致滋
民擾費廣義官無科派之煩而民省重駁之
累矣伏乞
聖裁等因奉
聖旨戶部知道欽此隨該戶部尚書臣王等
題會得南京戶科給事中余懋學等條議
後湖黃冊事中間整釐革相沿之弊求成書
一款於冊務有裨相應議擬開立前件
題奉
命下之日通行各該撫按衙門轉行各司府州
一體遵奉施行奉
聖旨依議行欽此
計開
一款故冊
臣等看得黃冊十年一造中間人丁事
産必有推收過割多寡自與前次不同緣

各該有司另造實徵以為賦役科則而黃冊則只照甲書抄謄舊底以應虛文致使黃上下異籍虛實混淆殊非政體況今丈量一切更尤當覈實正名以為後日之據合無依議通行申飭今後解到新冊但有仍前抄謄舊者悉聽該科駁回另造務與見年實在徵收款目對確其舊管新收開除數目盡悉如該科所擬俾消長盈虛之數較若畫一視如指掌經緯方遠近勒限解赴庶版圖不至誰偽而薄世可為信徵矣伏乞

聖裁

一議豁絕戶

臣等看得黃冊十年一造實開戶口有逃亡人丁有消乏此理勢之必然者緣各該有司恐失舊額故凡絕戶只於實徵冊內開除而黃冊則仍存戶籍此名有而實亡者委宜查豁合無依議今次解冊但有田產已盡而戶籍虛存者悉聽該科駁行

合淝志　卷之十　一百十

彼處官司逐一查覈除軍匠二籍仍存原
戶以備查考一切民戶果係故絕明白填
註俟下輪黃冊即作開除庶造報者不至
混淆而管理者易於查覈矣伏乞
聖裁

一覈詭丁

前件臣等看得大造黃冊正以戶籍有逃亡
人丁有消減故立開除實在之法以稽奸
詭脫漏二弊今各處造冊人名查有百餘
裁者北老丁[illegible]而產無而人丁在若此貧
丁立條[illegible]報只照舊冊是以詭謬至於難
積混今門攤說已清丈更正丁亦當擾
實開報相舊依議凡解冊開載老丁名存
實戶者悉聽該升駁問於部收上將見在
正丁從實開報其有貧丁無田在者亦明
註於下若仍前詭名虛大增查驗該科參
究治罪庶名實相應而積弊有除矣伏乞
聖裁

一覈科則

前件臣等看得國初各省官田起科原重民田起科原輕又地勢有高下上腴有肥瘠是以上中下科則不一即禹貢則壤成賦之意也若開載不明輕重無別則賦役不均奸弊百出相應依議今後冊但有混稱官民一則者聽該科駁回查覈要見官民田地山塘原額若干起科麥米各若干其有前次等冊懸殊今次清丈更改一則者有明文者亦要明開與前冊相合庶無隱漏混雜之弊伏乞

聖裁

一省駁冊

前件臣等看得十年大造黃冊開有奸弊詭謬勢必駁查近來冊籍浩繁法難簡便一經駁查或屢歲不到即有解到又或發查不照原行修換遺漏以致再駁司府往返延遲之竟無完日且恐里書之科害無益典籍之

稽查今該科欲將駁回文冊先立前件空其後行以便就欵從實登註其文移既省約而易行其立法又詳盡而無漏相應依議通行遵守伏乞

聖裁

萬曆十三年

八月南京兵科等衙門管理黃冊給事中等

官臣鍾宇淳等謹

奏為土司違

旨搆隙乞

賜勘究以正版籍以杜亂萌事據四川酉陽宣撫司為頑叛違

屬藐法違

旨乞賜拯援以崇制度以安邊事大畧言本

司所屬石耶洞陽正甿以隸屬官撫司撫其

追近改隸重慶彭陽遠可遂其私變亂成規

欺蔑法典先經節行一年奏文大造黃冊正

甿故違不服具申南京戶部請後湖冊籍查

正蒙本部四川清吏司手本備送後湖查盤
隨蒙南京戶科管理黃冊給事中等官余懋
學等具
奏為土司廳中設牌備際可疑懇乞
聖明飭賜勘究以靖選履以正版圖事奉
貞土司管轄
旨物巳有定封湖正壯如何徑寫衛分撫按官
亦不行參奏且不究行耶上司照舊隸酉陽
宣撫如再就逕查於不饒設部知道欽此該
眷戶部咨行到省行司敕遵閣正兕仍不肯
服畀行申撥衆本求我安時撫妥坐鎮指漢
臺遠并重慶衛指揮蘇共左維集親計該司
旨查方將黃冊開寫西陽宣藩司衙頭仍不
肯凡結反萬總甚畫冊兩撫可應督遣弟揚
正竅并黨陳天華等徵行驚
奏故違
明古變亂舊章更變衛指揮劉光先奉圖甚封
[illegible]隸屬均為何所等因并書之[illegible]

一到湖臣等見之深為駭異為照版章允于盡
明旨昭如日星石耶卜官協王思始欲紊亂成
明見已為化非其分既已欽奉
明旨甦敢復緬前非蜂蠆有毒古人善諭信如
該司所言則正典怙終不悛法所不宥第纂
啓有係事在彼中未詳的實伏乞
皇上軫念夷情
勅下該部查行該省撫按遵將該司所申事情
一一勘究如果正犯執迷不悟自
天讀無所逃罪其或該司奉行中誤亦羅織為詰
責重慶衛指揮劉光先有無受其賄囑為
明致誅仍儆示中餘使知
明旨決不可化者冉不可紊冊籍悉遵
明衍定制敢有變亂者一以法從事其或負頑
黔惡罪
國典具在照敢奸之惟則制令則沐劉無紛
擾以多事無如自息以養蠶撫按官悉心綜畫

勘明具

奏務使處置得宜上司帖服以杜奸萌以消隱

患則溪洞蠻夷聞風喙息版籍定而遠人安

帖乃可長無事矣奉

聖旨戶部知道

萬曆十四年

二月南京戶科等衙門管理黃冊給事中等

官臣王嗣美等謹

題為冊解未到有誤大查懇乞

聖斷俯賜查究承造怠玩官員以重版籍以明

法紀事且天下有視之若甚緩而實關

國家根本之重意者黃冊是也蓋黃冊之設專

載民數而凡天下戶口之增損田產之盈縮

賦役之繁簡皆於此稽我

朝賦役黃冊每遇十年一造解赴後湖收藏期

限不過一年中間人丁田產糧稅於舊管有

不合者許管冊官嚴加駁查其有差錯埋沒

詭寄隱漏等弊究罪期限不過五年管冊官
攢竄復
命此載在
令甲不可易也然必一件之冊解已完而後臣
等之駁查也有所據又必駁查之回答已完
而後臣等之復
命也有其期若遠慢玩愒忽視民數如雲南一
省者臣等安得坐視而不爲之言耶臣等欽
今
勅命管理後湖黃冊夙夜兢惕惟恐無以仰答
祖宗立法之與我
皇上委任責成之意履任以來即督同在湖應
查員役一一清理積得萬曆十年黃冊各省直
俱已解集惟雲南未到臣等以爲滇南隔在
數千里外途路艱險宜從寬假時月
陸續能至足亦可原今且爲萬曆十四年矣
諭限期與者又二年矣此時尚無一字之至不
知臣等何時駁查該省何時發冊回籍何時

究然也[illegible]
不知之源南與造[illegible]正則[illegible]
官日夜督催郎遲延至[illegible]年內亦可解[illegible]
誤期限遲遲至今者蓋錢糧不完[illegible]官[illegible]
光戒務之參論之輕則住俸收詞違則降[illegible]
罷斥故所之重所急作徵不[illegible]令[illegible]
人皆視為泛常該管監司[illegible]
陛
事例着實舉行者十無二三[illegible]官
恣意遷延罔肯上[illegible]官督[illegible]口
請
壞蓋非一朝一夕之故而責[illegible]其
也臣等職掌所關且大查甚[illegible]若不[illegible]為中
嚴催萬一遠慢愈久備竟不劉則臨局而後
搖井撓矣失揖而後來熟[illegible]矣察官曠曠之
罪臣等大獲何詞狀乞[illegible]
勑
下都察院轉行要南悠獲勸史[illegible]
嚴行督冊官將按屬地方[illegible]
律仍嚴查寮限依疾提察上[illegible]
再遲違許聽民等查參重[illegible]

徐州志　卷之十　貢賦

冊籍得以蠲免民數有滋可以[illegible]時[illegible]數皆
一統圖冊之外萬年根本之議於茲益分[illegible]圖
獨隆矣臣等無任激切懇祈之至
聖上睿[illegible]知[illegible]

萬曆十年一
月南京戶科給事中吳之鵬
題爲及時修理冊庫定期限議經費以重闗籍
事竊惟
太祖高皇帝定鼎金陵於天下圖冊於後湖而
又事爲之防以杜其竊伺
列聖相承日益綜理其慎重之意良亦至矣故
各處版圖雖多更改而取徵納冊尤爲獨全
去歲江西九江府湖口縣禁江漁課向被兵
燹失去冊籍遂致隔縣奸豪侵占入已詭累
韓尚義等連年賠辦比及給文查冊昭然散
見於冊中即此可見
聖祖之深謀睿算迨今不能逃也臣以菲才署
管其事日擊心駭豈敢緘默謹爲

陛下陳之切照洪武年間始造黃冊建立冊庫自後黃冊每十年一造則冊庫亦十年一建由今日而逆至洪武十四年冊庫蓋以六百零七間矣爲數既多歷年又久非彼廢之倒塌則此漫之傾頹勢固使之然也況每一庫間架勢相連萬無一火間斷一木蠹則牽及一架一端傾則牽及一間若月復一月而已壞者未修[illegible]年後一年而續壞者愈衆萬一全庫俱頹則此十年[illegible]冊[illegible][illegible]全本何從安頓其不爲風雨之所侵[illegible][illegible][illegible]弊矣是豈可不預防而補葺乎臣自十五年十月署管以來看得冊庫之應修者有洪武十四年北庫及二十四年前庫有永樂元年南庫有景泰三年前庫有天順六年南庫有成化八年前庫及成化十八年之前後庫有弘治十五年西庫有正德七年東庫有嘉靖四十一年東庫或梁析而柱朽或脊崩而架[illegible]或[illegible]土虛而豁之倒壞或因久雨而蓋瓦之滲漏甚有倒

至二間莫知其所終者督令工部行文工部先後不
等照查有報自十二年六月內者則又令酒
未修也大率
留都修理往往視爲不急之務故視後湖亦若
此耳或有請該部修理動用錢糧凡百兩以
外必待題
請往返不無耽延又謂商稅木料則例祈色多
而本色少臺時不得完備是必有所據矣匠
天下之事因其將弊而改作之則費省而功
易成待其大壞而撤新之則費廣而力難舉
且
欽定過湖日期每月不過六日少挨一日便是
一旬若不預爲區處則工料夫匠安得臨期
畢至而振起其因循之故習扎顛臣一得之
愚以爲事必有期限而後人情不弛用必有
措處而後經費不乏合無自今以後每遇冊
車圯壞俱以本科行又之日爲始通限一年
以裹修完如有違誤許臣參

奏以聽
上裁又恐該部錢糧或有不足查得本湖遞年
駁冊贖罪銀兩見貯應天府庫除存留本湖
查冊公用紛散書手庫匠工食外相應量議
動支協助其十分之三庶造作有限則功可
速成財用有經則事可就緒即商稅不敷立
可買辦而隨壞隨修必不積至百兩之外重
煩題
請之費矣其於
祖宗慎重冊籍之意豈不兩有賴哉伏惟
聖明俯賜
采擇乞
勅工部轉行南京工部施行奉
聖旨工部知道欽此欽遵

萬曆十六年

南京戶科等衙門管理黃冊給事中等

官臣徐常吉等謹

題爲補造蟲注黃冊以便清查以革姦弊事竊惟

國家重民收天下圖籍貯之後湖設有專官督率監生吏書甲匠人等逐一曬晾檢閱隱有殘蝕吏得實緣爲姦弊查出其間蟲蠹隨

請補造循習至今未爲底視臣等接管常川督令諸役曬晾裝釘除舊冊字跡未磨可備查理者不開外查得隆慶六年及萬曆十年分南北直隸并湖廣等布政使司所屬府州縣等衙門中間蟲注壞冊逐一檢閱有十注七八者有十注四五者或久注而紙如與行者或新注而蟲絲相連者觸手即碎開卷輒黏

後湖志 十卷 一百七 五百二十

切照洪武永樂年間老冊經今二百餘年紙張殼面尚多如舊未有蟲蛀如此其甚者蓋因先年攢造如法紙張無粉以久貯近年經造官員不行用心督造在憑吏胥里老人等冒破工費故事寧責紙張不經檢選殼面不用取勘故不待數年輒生蟲蝕以致亥豕不分甲乙莫所詰副丁產無憑查閱及今不行摘造歲月既久該省府縣底冊泯爛則十年丁口田地問舊收新千百弊孔無從稽覈至細故也伏乞

皇上軫念版籍重務乞

勅戶部轉行南北直隸并浙江等布政使司各將後開府州縣所屬新舊圖分蟲蛀黃冊逐一照數補造自文書到日爲始除水程外定限半年以裏造完磨對無差川印圖封解送南京戶部轉送後湖驗收備行各該省直巡按御史通將經手造冊員役除官吏事故外其見在造冊里書查提問罪以警將來仍行

害該布政使司管冊官嚴督各府州縣掌印
官查照節次奏行事例不許仍用扮飾紙張
補造苟且完事逆者聽臣等指名從重參究
臣等所查得嘉靖十一年分廣西布政使司
撫州府撕城等縣嘉靖二十一年分廣西布
政使司南寧等府宣化等縣嘉靖三十一年
分湖廣等布政使司長沙府臨武等縣嘉靖
四十一年江西布政使司撫州府金谿縣黃
冊被蟲注壞隆慶三年先該南京戶科給事
中張燬等節經題准補造去後至今年久尚
未解到參照各府州縣督冊官員蔑視圖籍
不行催併補造致使版圖闕略無憑查理若
再延捱遂闕湮沒伏乞
下戶部轉行都察院備將後開各府州縣遵
照冊籍通行各該巡按御史轉行督糧司道
將府州縣等官嚴限查催解期如依舊故違
佇聽臣等查參重究庶版圖不致廢缺而蠹
彝承帶矣緣係補造蟲注黃冊以便清查以

華蘇撒事理爲此開坐具本專差辦事吏谷

齎送齋捧謹題請

旨奉

聖旨是

萬曆十七年
六月南京户科等衙門管理黄冊給事中等
官臣徐常吉等謹
題為預建黄冊庫房愼重圖籍事臣等照得後湖冊庫司洪
武十四年起至萬曆十年止每遇十年一次
大造黄冊俱限期蓋造冊庫三十間以儲收
貯查得萬曆十年大造黄冊預於萬曆七年
具
奏起蓋冊庫分照得萬曆二十年後該天下司
府州縣等衙門大造黄冊解湖其貯冊庫房
相應照例先期蓋造況今後湖新洲該建閣
專廒所四旁草木茂盛湖水浸刷翦除欄砌
工程浩大必須預先剔荒整理伏乞
勅下工部轉行南京工部查照往年事例委官

帶領匠作人等過湖相勘并議處一應合用
物料夫匠等項蓋造冊庫三十間及查洪武
等庫冊架披蓋板木并沿湖石砌堤岸年久
與各朽爛崩壞迄今建造冊庫相應併行修
理庶不臨期有悞冊籍其有賴矣再照冊庫
每臺必三十間房間必十餘樑非築許囘則
基址不堅非材木真則易致蠹蠹况建之湖
中擬料頗難於搬運出自官造産久恆王於
怠弛兼以首理樣當不常夫匠更換不一椎
誤最易責成頹蘇往往葉造不精頓圮相尋
告成甫畢報壞接踵或一牆一條下陷致將
一闔牽倒或一梁一柱蠹朽致將全亭搖動
當此之時欲止補其壞處則索提者勢不祈
又欲盡修其全庫則新建背理難㒰造汶卄
齊終隨壞迄雖將久東桂西撑牽無完扉勞
祈興續費而無補肯因初二不損貴成不㬎
所數也假如初建宦匠各矢心著實如民問
則已蓋造房宇瀕湖中水氣蒸濕人煙隔遠

易於損壞，其[illegible]必[illegible]少延數年之久，值[illegible]方
完而則壞，如此所費多矣。
敕下該部，今後造作所庫，將督工官員併[illegible]役
匠依遞　刻名於原造庫柱，定限或五年或
七年必出限，無壞方與原修官匠無干。如限
內有前項損壞者，明係經管經手人員不行
用心如法蓋造，不論官匠，一概依律問罪，仍
量責令賠償修理。夫如是，庶罪既有所歸，則
工必不敢易，此亦慎重[illegible]庫之急務也。緣係
須建黃冊庫房，係重[illegible]籍事理，為此具本，專
差辦事吏蔡學齊捧，謹題請
旨。奉
聖旨：是。

後游志　卷六　　　　百五　　[illegible]

萬曆十八年

四月南京戶科等衙門管理黃冊給事中等官

臣徐常吉等謹

題為查催駁語黃冊事臣等管理後湖黃冊案查先為清理黃冊事該管後湖南京戶科等衙門給事中等官余懋學等將各省解到萬曆拾年分賦役黃冊逐奏

欽依事理會同道部等官清查駁出姦弊造冊

奏繳併候

命下駁行各該原造衙門遵照節次奏

准事例照款改正自發回之日為始除水程外定限半年以裏造完登答駁冊解送南京戶部轉送後湖類註以備新冊到日查對今查得應天并直隸蘇州等府及浙江等布政使司各所屬州縣萬曆拾年分駁冊至今尚未解到者有之

其全省未到者有之即今天下又該大造期近舊冊未到新冊何從查對事屬有違合當參究切照版籍乃
國家重務
祖宗所以綜理防範者其法甚嚴而其念亦甚切也令各該有司揆不加意縱容吏書延捱作弊故違限者不嚴加懲治無以警戒將來伏乞
勅下戶部轉行都察院通行各該巡按御史郎將役開拔遞提管承行有罪掌印官員并各吏書人等提問如律仍行督冊等項嚴督有司作急造完畢駁解送南京戶部轉送後湖投查填註以備查對如再仍前延緩作弊聽從等指名通行發究罰治燕司府有所縱容而刪稽未補矣縣係查催駁語黃冊事理為此具本

萬曆十八年
四月南京戶科等衙門管理黃冊給事中等官
臣徐常吉等謹
題爲申嚴賦役黃冊事例以慎攢造以重國籍事
臣等管理後湖黃冊竊惟
國以民爲本民以籍爲定如册籍之造弗慎則賦
役之派弗均豪強得計良弱受害民生之所以疲
國計之所以縮恒必由之誠非細故不可以漫而忽
之者我
祖宗立法定制天下黃冊每拾年攢造壹次依限
解送後湖查理其變亂埋沒飛走詭寄等弊
經該官吏里書筭人等俱定有罪名條例甚詳
法禁甚密又歷經該部查將冊式并一應合行
事宜刊刻榜文區兩項湖給發所司民法意

周已詳悉宜當遵行而不可易者也奈何人心
玩漫頹黃冊為泛常因循廢弛弊端叢出有所
詐那移戶口者或將當甲人戶編入求下之內
戈以規避丁口混入錢氏之門攬路夫決雖於
查理有所謂飛詭田權者因巴盡而權不爲之
閉除戶稱絕而所即注以券無以致解冊總期
戒州縣情遂未行解府司府停閣不行解補故
違宄實女以情弊紛勢毫髮難以枚舉然奚所
由蓋以大造之年冊司不行用心冒理任憑里
書作興是以所解貢冊待違莫一如北直隸順
天等府大識等匿南查隸匠陽第府宿州等州
賴上等縣俱不隱具降冊式造解字跡奉草行
款參差冊門人不所造事冊格大號說縣雕造
朗寧國府南陵縣兩河行款與具字單行其山
亟河南陝西參省合爵太原開封等京陽曲等
賬冊太亦不遵式廣兩布政司所覆桂林等府
全州等州臨桂等縣及湖廣岳州府半容縣實
賣府部陽縣長沙府益陽縣郡州府斷陽求與

等第紙張一薄無杉飭易爲蟲蛀此非黃冊
之法不善皆今改造者之罪甚非所以衛一
朝廷重圖籍也昨歷委官所致習不悛況萬曆
貳拾年又該天下大造黃冊之期若不預爲申
飭何以懲戒將來伏乞
敕下戶部查議預將原定冊式作合行條例事宜
逐一通查分入事內先期差人齎去各該
司府州縣給發所屬查州擇推選廉能公正
年力精壯官員專董其事各該司府州縣掌印
官時常提調仍行各處撫按嚴督管印等官親
臨比較文書到日即令里書先將萬曆拾年
正實在照冊補贍夾與臨造官員收掌以爲今
次將舊管後取各戶親供除軍民匠竈等戶照舊
詳開分其新自萬曆貳拾年爲止或有新報人
丁及置買事產新開於新收項下或有事故人
丁并賣出事產仍開於開除項下收除既明末
總將結一實在務悉撤折合并條真精紙張堅
白照本如式不許積年人役包攬以肆科求十

不得濫委貧窶無為衰老官員管理以滋弊端

其黃冊造完並果無弊依限用印封固起一則

京戶部轉送後湖收貯如督冊提調監造官員

有能依期完解獲有批迴者各撫按官量加獎

賞其

候於拼湊不完者即行催提住支仍重懲經該

里書人等於解的親家屬物限完報如此照官

有勤勞之與人有自新之効奚弊可以杜革冊

籍得以早完而於造所資附均為實用矣臣等

不勝僭條仰望之至緣係申嚴賦役黃冊事例

以憑攢造以重國籍事理為此具本

萬曆二十年正月

南京户科給事中臣郝世科謹

奏為時值大造積弊當釐敬陳税契末議以塞

貪竇以一法守事臣待罪計垣專收稽之司近照前後湖有督冊之責

準是萬曆二十年正天下大造賦役黄冊之

期也遵本

欽依凡一應丁粮之飛詭户口之那移與里

之漏脱都臣之虚實皆臣之職掌所得而無

稽者第先後科臣條議已悉可勿再贅顧目

擊要獨有税契一節名為

國課而實潤私橐弊蠹胥章而害入骨髓當此

民窮財盡之時猾吏懸貪之只誠不忍坐視

天下有此因循弊竇而不為更新之慮也竊

曰寬一分則民受惠一分況所寬者原無損

於
朝廷而家惠者又不止十一分之利臣請言稅
契之弊而并及一得之愚惟
皇上其鑒察焉內除在京縣分并差重處所年
年稅契者應否照舊不敢槩議外竊見天下
各處州縣每遇壬年開局推收造冊民間有
買賣田地事產等項例應過割入戶有司摘
其文契不論升合寸單片紙隻字俱盡數到
官仍查其契內所載價值多少在各者查事
例不問有契價一兩而稅銀三分者有稅銀
四五分者納銀上官後各以印信契尾給之
其所收稅契銀兩隨其申詳上司截數起解
司轉解戶部輸納無遺之用此稅契之大略
法也查
會典亦未見開載詳悉顧其通行亦既久矣夫
契本民間先棟布散不甚浩繁而價載契中
數目淺非亦從何究詰其納契到官也勿論
綜年雖積百姓守候奔走之難而吏書則刁

[illegible]究畝者也自可杜吏胥之生奸弊[illegible]不[illegible]
價畝行定數者也自能絕有司之橫索況亦
輕易擧既能藏富于民而原額不失又未錯
稅于
國由一州一縣以通于一省由一省以通于天
下計節省閭斷者誠不害千伯信而
國計民生固兩利俱得者也是說也臣加意[illegible]
訪在兩粤地方間有行之民極稱便而此外
則江南浙直以遠楚蜀之閒其大壤極弊尤
當急為厘正者臣復再四思維税畝之法有
謂本戶自收或不便于畫派而惟此正可以
消其花分之弊有謂畝則不等或不可以均
派而便民亦不必爭利于尺寸之間大要税
價不如税畝驗契不如驗冊使
朝廷無虛名而百姓家實惠者其利害固較然
也抑臣尤有說焉夫税契之設因于過割而
過割之例因于大造其大造黃冊又必以十
年為期也今各省事體不同十年一税者清法

之八九年年俱稅者十之二三夫年年契[illegible]則必年年推收亂飛冊而爲戶口其滋[illegible]有不可勝言者甚非

國家盡一之[illegible]也臣請

勅下戶部詳[illegible]議覆如果臣言不謬特行各[illegible]按官與[illegible][illegible]門該道將罰議等事虛心講求酌量施行一以照便民之利一以昭一體之法庶足

國裕民懲貪恤隱或亦少補于萬一也臣[illegible][illegible]瞻越待命之至奉[illegible]

旨戶部[illegible]

萬曆二十年六四條

四月南京户科等衙門管理黄册給事中等

官顔文選等謹

奏為大造届期敷陳職掌祛積弊以清邦本以杜

侵漁以裨

國計事洪惟

聖祖開基枚天下國籍財之後湖設科部官專

司其事蓋以民為邦本誠重之也十年大造

無或後期緣民間之消長而嚴其實即實在

之數而定其徵興萬世法守也至於過割錄

奚下以便民間之推枚上以佐

國計之萬一壹為有司充案計歲奈之所時銳

人玩法久弊生玩視黃冊為虛文如同稅糧
又說大造為奇偽或潤私囊臣待罷點職者
五年燕膺撫脫久美通者冒明行職撥置留
短所職掌者後湖之冊所適過者大造之期
戢因闕見之負除積習之弊謹以四事上
非較胥昧蠹責也尚家
聖忌僚賜隸訪蒞行邦本
明討辜臣臣愚辜臣等因奉
聖旨戶部知道欽此欽遵抄出到部送司案呈
刑部臣等看得衛京戶科管理黃冊給事中
頒文選除陳奏丁糧寺四事內除給查稅與
充該內京戶科給事中刑運議前因該
平河優奉
欽依通行各省旨無俊召會蒐兵司方行優
奏錄其叢丁稅事三事相應歸之刑詳議擬上
題定奉細行等因嵩眉二十年五月十一日本
部尚書楊寺具題十三日奉
冬清浙欄衍江趙出則撥送祠食運河

欽　一許　祖宗

合咨前去備行到州照本部題
內事理欽遵查照施行
開
與丁粮之實以絕弊端夫解部有黃冊則
州縣有實徵蓋般黃冊之實而徵之此
立法意也今州縣如冊派徵者雖未必立
無而實徵之籍不同於黃冊之數者十之
八九推原其故以先年黃冊既定復疏吳
不時推收以致混亂及至大造既敝清皆
之難人攢驗查之罪長之稽書騰舊蒸責
逐成故套臣閘江兩安稽縣黃冊以一生
貪包攬任意攢造又查另江等縣委次亡
冊竟無推收安得與實徵相同哉令撤江
寧縣呈詳黃冊實徵不對欲行改正他縣
可推矣此里書雜隱之經貪汗加派之實
也查除慶六年各州縣尚以實徵文冊與
黃冊并辭貯湖倫查通來漸致淺湮州縣
之弊從此起矣是有司寺祖庸於下

朝廷提虛數於上又何用十年大造為哉伏望
勅下該部通行省直撫按官責成黃冊道官弔
取實徵薄籍遞一查對差訛者逮令改正
方推解部若并解實徵亦舛多事而叢實
之責則在黃冊道也有內衍襲舊虛造揩
抵省容臣等將經管黃冊官一體參究庶
丁撫得實而弊端可絕也
前件臣等看得南京戶科管理黃冊給事中
劇文選奏稽解部有黃冊則州縣有書徵
令州縣實徵多與冊來黃冊不同緣黃冊
陛定仍後不時推收以致混亂乙要通行
各省直撫按官責成黃冊道官弔取實徵
薄籍查對差訛者逮令改正知有因循擄
塞經管黃冊官恭究一節為照前貝冊籍
十年辦造一大者欲令民冊過割由上推
故既定以與造實徵郎以此造黃冊部科
婚黃冊以稽查州縣按實徵為既斂華置
冊須蓋答泰亂近因有同數民推按無時

焉之積猾里書隱射私蠹以致貴啟咸焉
與黃冊迥不相同令冊臣條議及此議為
有見合移咨各省直撫按官貴成黃冊自
官吊取實徵簿籍逐貨磨對有差批者改
正明白方准解部以後務要定以十年民
開方許過割實徵黃冊有司官監造無聽
積書包攬那移如有司綜理意欺俾丁根
實數仍多弊同總本印與該科循弊參治
伏乞

聖裁

勅一書

飭過期之罰以懲積玩臣伏請
內一款十年大造黃冊係國家重務各該
撫按官轉行司道府州縣該管官員照式
開造勒限完解有違限未解者通行往速
嚴限督催已解在遺者嚴併批迴覆日方
准關俸未完者通限十二月以裏解部送
湖如仍故違聽爾等指實參究欽此臣又
讀

大明會典一款其司府等衙門遇有數目齎冊
自駁回之日爲始定限半年以程造完印
封送部如有違限及不用印封送者經該
管官吏里書人等通提問罪仍照違限月
日住俸滿日方許開支夫正冊則十二月
以裹駁冊則止半年

欽限森然
勅典具在也查上屆黃冊延至四五年方行解
齊駁回青冊至今南直隸并浙江等處銷
次行催向未解到浙冊已造齎冊未完急
玩極美伏達
勅下該部逓行省燃拔官遵奉
勅書會典嚴行中蕩令次許以示得過本年十
二月之限前次點刪不得乐之本年七八
月之期如仍冊急延錄臣等指名祭奏蓋
積坑可懲而冊籍早正也
件臣等看得南京戶科管理黃冊給事中
前顧文題奏請上備各諮查責冊陞里門查

年方行解齊至於駁回青冊節次行催未
到乞要中飭今次新冊不得過十二月前
次駁冊不得過七八月如仍前怠延參奏
各一節為照黃冊造作[illegible]定限遞[illegible]罰
治之歟其底
會典乃近來有司官漫不經心多違
欽限飭行如科臣所議者合移咨各該官
督行所屬司府州縣悉照該科所擬新限
造解先次駁冊不得過本年九月今次新
冊不得過本年十二月如敢仍前故違限
期查照
敕書會典事例將各官參題住俸降[illegible]過限[illegible]方
准照支伏乞
聖裁
一太造冊之費以絫横派夫大造重務安得
無費但措造工食紙張各[illegible]私派官辦紙
劄又復加徵與亦不可不嚴其實也臣去
年行取道經河南開民間有言單頭二冊

加派紙價至千兩之外適聞江南諸縣亦
有派至七八百金者他縣從可推也大縣
不過二三百里小縣僅數十里一里造冊
一本每本不過一二百葉紙價幾何而動
派千金耶此非積弊之門破則爲有司之
垂涎乏夫屢侵之後十室九空寔一分則
民受一分之殃不額輸撫尚且不支而甚
此無實之科斂乎此出風聞不敢指名但
行所閑稍不言苛之罪也伏望
下該部通行撫按嚴加責訪果有科派狼籍
者循錢一二以懲其餘仍以各縣多派之
數紙民則小乎錢錢糧亦沿民生清吏治
之一備也
命件臣等看得南京戶科管理黃冊給事中
額文選奏稱大造紙價工食私派加徵有
至千兩外加有派至七八百金者已要行
撫按查訪猶發仍以多派銀數抵充則須
江致公一降爲照造冊公用所費不支有

司官若此無憚業勞加意磨美則事集矣
[illegible]欽乘機冒破豈可得手科臣欲要摘發
一二誠為探本之論合通行各該撫按官
嚴行所屬司府州縣等官倘查前項造冊
工價俱動支該州縣公費銀兩或中請別
項無碍官銀應用并不許科斂問閣及縱
容里書侵勢如前科臣所開有已經坐派
徵完在官者准抵別項正徵錢糧以甦民
困悉聽撫按官從實查覈毋致枉縱伏乞
聖裁

六月南京戶科等衙門管理黃冊給事中等

官臣顏文選等謹

奏為鑄換關防事照得本湖原蒙

欽降管理後湖黃冊關防嘉靖二十五年二月

該給事中游震得等為因模勘奏

請

換給嘉字二千六百九十號一顆接到用使

至今四丨六年篆文模糊四角平勘切緣前

項關防揭查天下黃冊軍民戶籍田地清糧

款弊備造本冊

奏繳及行各該司府衙門青冊并催到各處查

理戶籍丁産及本湖錢糧出入等項文移鈐

記事務頗繁況令大查在即印篆無文不便

鈐用合行奏

請換給乞

勅禮部從新鑄換降用候新印至日另將舊印

奏繳緣係鑄換關防事理未敢擅便為此謹具

奏伏候

聞

勅旨

八月南京户科等衙門管理黄册給事中等
官臣顧文選等謹
奏爲齋繳關防事照得本湖關防年久模蝕已經具本
奏請換蒙、
勅禮部從新鑄給於本年八月初六日差吏役
禮須齋到篆字三千一百三十四號管理後
湖黄册關防一顆到臣接用外今照原舊關
防遞合
奏繳爲此具本專差辦事吏陳尚慕齋捧謹具
奏
聞

後湖志 卷之十

海志 卷之十

[illegible]

八月南京户科管理黄冊給事中户須之選等

奏為目擊時艱加意節省議解贖銀貳萬以助邊費以效涓滴事臣竊聞今天下倭叛交訌則兵費恃不可缺閭閻久困則民賦勢不可加以不可加之賦而應不可缺之費當事者豈能神輸鬼運哉惟是在事諸臣每事節省以羨補不足而已臣伏蒙

皇上命之管理黄冊事事之初仰查職掌知自開

國以來十年一造天下之冊咸之後湖者迄今二十一次冊庫相望九百餘間於是稽查磨算有書役之費看守番曬有庫役之費慮冊之鈺徽也而時加補釘則有紙裁之費慮冊之頃頗也而不時修葺則有頗瓦板木之費抄謄有紙張筆墨之費修理有各項工匠之費

奏繳有差役盤纏之費凡此多費皆倚辦於州縣驗冊贖銀貯之應天府庫會同户部管理主事

卷　國

支給年終造冊
繳遞年以來所任本科給事中條常吉以久病
而廢弛繼此代署不常亦因衙而未掾以致種
種貴用俱虧啟臚如開查之時書手例用三百
餘各身日工食五分兩月給銀九百狀查則惟
襟駁冊百名足矣亦至二百名之外給畢五百
有零釘蠹冊繳庫役原不可少不酌繁簡不定
名數人愈多而事愈不可辦舊有庫匠二百二
十名兩月給銀二有六十六兩有零此冗後之
常裁也臚多年久修纂不贊所多役衆用費浩
業役非從中查簋公奕背使役漁舊例兩月一
支每支至二三百衍濱以十四行八十兩者此
冗費之當節也臣巽黏時紮心受
訪常自愧不能冕人十以斷補銀能不為為國
之盡從亦一書之忘也蔡任以來折次吏張遂
一裁減書手分為而班入兩者詳工給值則工
食半者此亦不革之華也庫役酌冊字人舉去
三十三名二價人役毋兩月已判銀二百內十
兩矣修理紙張純收等項每兩月止用銀七十
八兩讀之辦費已冊限四百餘兩矣兩兵如此

推之一年所省可積筭而計也將查之時稽之
舊案每年支銀八千此時裁省之數雖不可以
為例視往者歇查年分所省亦多矣今西賊未
就東陲報警
皇上尤當出
內帑以救然眉以主憂臣辱之時而有公帑省積
之資安得不為邊事計哉案查應天府庫貯後
湖贓銀尚有四萬三千今次黃冊開查存通留
二萬三千以備監生書役等項數年支用義將
二萬兩解戶部以助邊費雖土壤細流無裨嶽
海而區區涓滴亦臣子助軍滅賊之一念也伏
乞
勅下
戶部轉行應天府如數動支委官起解庶邊事
少裨而臣亦藉以慰惻之萬一矣臣不勝悚息
待
命之至等因奉
聖旨戶部知道欽此遵隨該戶部尚書楊　等
題看得南京戶科給事中顧文選
奏稱加意節省議贖銀以助邊費相應依擬合
候

命下之日移文應天府如數動支等因奉

聖旨是

萬曆二十年

十二月南京戶科等衙門管理黃冊給事中等

官臣顏文選等謹

奏為駁冊逋限久沉新冊屆期不辦設遇□□□□南

明

勑書懇乞

乾斷亟懲玩愒以一事權以重版籍事臣等欽奉

勑書開載十年大造係江寧事務令命臣等專管查

照該部節年題准事理移文各該撫按官轉行

司道府州縣官員將開造勑冊完解

有變亂埋沒飛詭等弊移取著該照式

查駁有違限未解者逕行自修發限催已解

在道者聚比批迴獲日方准開銷未□前而限

十二月以裏解部送湖如仍故違聽湖撫按實

參究若州縣冊已解府而府有遲延府冊已解

司而司又愆期則罪所由聽撫按官查提問罪

若撫按惰市恩寬縱亦聽科道官指名參奏欽

此我

國家所設拾年大造專官駁查催解之嚴如是其

蓋不大造則十年消長之籍何自而清何以為

賦役之地不駁查則前冊隱漏之弊何由

而定何以為後次籍考之資然則天下重務孰

過黃冊何以有司視以為泛泛之乎

國家立法孰可玩愒素何黃冊及以假帛視之乎

臣等奉

命以來查一次黃冊據至四五千方行解部較回青

冊已經十年矣在隸江南睢寧等十七州縣浙江仁

和等三十五縣江西南昌等二十八州縣□□山西

徐溝等八州縣陝西西安等六州縣□□恩城

等十四州縣及四川全省俱未解冊□已具

題部覆令次新冊不得過本年十二月之限前次

駁冊不得再違本年五六月之期奉

旨催賠若日月矣至今新冊止據永平保定兩府

解到部之各處有司者其[illegible]未起非者有[illegible]

有草冊者臣不知其冊至何日到也至今[illegible]

止存海謄清冊令算手[illegible]之[illegible]有課其[illegible]

贖矣乃借不解者有謂其[illegible]役[illegible]者不

知其冊自何時來也近一月[illegible]之[illegible]戶[illegible]有

紙錢推收一則有常門延一日[illegible]之延

一歲則得一歲之利[illegible]不[illegible]之

役終不可發後例之公費[illegible]不可惜乎況臣等

必待查完[illegible]

命遲慢之罪不可逃矣臣翻閱冊亦行甚荷恐露弊

則圖遷延有司入黃[illegible]則日[illegible]閱[illegible]遷不入考

成司府不知督責其[illegible]則動[illegible]終無

下落豈有十年終於不[illegible]之理乎況舊冊未經

發工則新冊雖到將不可[illegible]矣夫黃冊限十二

月以裏載在

敕書駁冊則限半年載在

會典[illegible]經[illegible]奏

旨而有司玩法廢典至于此極者將盡廢黃冊而

後已也

皇上如以為冊可廢也則今日不必為催督之令如

以為
國家重典必不可廢也則可以一日而不為事權
非特天下明知欲籍之重而相率為玩怠之極
非特南京所明者欺之不重耳矣
國家事權皆統于此故人輕視乎查冊南中之
事類多繫于今天下之徵籍書時於南非假之
又所行之役無廢事不可得也南糧有舉勑
奏依准完成欽依俟有舉勑故馬政舉此假以事
後之明旨示在
國家之故總不在南糧馬政之後臣等不敢以
籌之以示於懲而示罰之義不可不敬也司道
稽覈其實冊官故法則糸究想投官市思寬縱
到不之
按書具在臣豈不知而復聽其煩瑣查舊宗往
前科臣等不宜而以此照之
部覆不與行之與接荷從而已從實往停者誰
乎從者指陳未嘗不參前之合條也以為故事
不遂行一文牒詞已從實歲前請乎是使臣
等所奏之
而何無文矣哉行照黃冊遲延等之罪矣天下皆罪冊

官府冊爲憑文視參究爲空言[illegible]

愈從又何疑哉今驗冊不到合行參駁於[illegible]下

記容取筆遺照

書通行各處撫按官設立程限自文書到日爲[illegible]

[illegible]者[illegible]遠者四川[illegible]州[illegible]是起解到部

[illegible]如[illegible]前不辦則司府州縣[illegible]俱於道之[illegible]

即撫按官[illegible]有覺錢之[illegible]

息玩之其胥[illegible]一二以[illegible]

聖明軫念敗圖務行照所任年以爲人匠不恭賦[illegible]

之成無爲性日晝准故頒同書吏治一事攝之

大概也臣等豈下知於一事則然臣人爲戶家

辦公事不得不求據勵亦再照議明書手工食

與夫修理繩索紙筆諸費項出上江兩縣先談

訟事中吏會見兩縣獨累甚

准以致明請緩急之大稱便矣奈何法久弊生遂一成

發述亂益變亂埋沒者駁矣改名易姓雖止一

字法保無違弊單匠之弊乎飛詭那灑者駁矣

先政於補雜止斤紙能保無以重易輕之姦乎

在後湖不得不駁而察其弊之有無推其罪之

輕重則在州縣正官也今一縣之間問罪一里不遣

里長有罪書手有罪犯手有罪者罰者十之九解部者十之一此役之所以擊而親見者衙門積役見官吏情願出起解旋即侵欺拜至逞延官不敢問豈還之後竟歸烏有此驗問久沉之[illegible]也此知欽成等縣解冊覆[illegible]貨此意三年之外可以推矣先後科目張填冊[illegible]以漁今皆改由成教亦不足憑莫容防有明註駁究錯誤者一明正改正[illegible]冊有[illegible]驗同之一里共隔有力一罪不許[illegible][illegible]之一[illegible]將[illegible]援驗之一里數以定一限後一期[illegible]罪[illegible]之[illegible]實[illegible]多[illegible]間之一罪必民解無一賠日等[illegible]之[illegible]無[illegible][illegible]之[illegible]賤[illegible]避科之若[illegible]有[illegible]則[illegible]有[illegible]紙[illegible]之[illegible][illegible]官[illegible]可[illegible]果臣[illegible]可行[illegible]行部察院[illegible][illegible][illegible]該[illegible]史申明[illegible][illegible]府州縣[illegible]冊官員從實[illegible]以[illegible]冊[illegible]道府州縣冊[illegible]冊官員從實[illegible]以[illegible]冊問[illegible]此合州縣原臣[illegible]而冊[illegible]不致[illegible]失[illegible]幸甚臣幸甚[illegible]驗冊道限久[illegible][illegible][illegible]幸甚愚臣幸甚[illegible]驗冊遺懇乞沉新冊仍照不解致發[illegible]掌事理

[illegible]成化[illegible]

左都御史王[illegible]撫都御史[illegible]

題奉

聖旨戶部知道欽此[illegible]南京戶科等衙門[illegible]

事中等官顧文選[illegible]人達黃冊[illegible]

[illegible]

冊限十一月以[illegible]推以故人情[illegible]

勑書駁回推故十[illegible]

會典乃今有司[illegible]

聞旨抗違疏[illegible]

冊青冊[illegible]十年黃冊不[illegible]二十年[illegible]有

尚未起[illegible]者有山[illegible]草冊者[illegible]

到[illegible]下[illegible]款要查[illegible]

勑書通行各[illegible]抗[illegible]冊新冊供行

速解後湖[illegible]一[illegible]照例

任係以[illegible]其餘乃[illegible]問罪太監以[illegible]期問

皆多一節除[illegible]一款先[illegible]用[illegible]事[illegible]德

題本部覆奉

欽依[illegible]其余[illegible]冊參[illegible]事[illegible]

務要[illegible]

命下本部移咨都察院轉行各該巡按御史行浙江
司府州縣官文書到日爲始前項新冊盡造
限兩箇月造完限四箇月俱要解送後解納戶
部完日戶部冊給事中等官指名題參奏覆請
以憑黜陟萬曆二十一年正月初九日本部尚書
楊等具題十一日奉
聖旨是

三月南京吏科給事中陳容淳

奏為大查鉅典議處宜周謹陳愚見以重

皇圖事臣承乏湖次滿九載之期恭奉

明命與通前諸臣秉心忠事解冊考求以洋參閱司尊

嶽輔業已

進呈矣顧法不可泥議貴無窮竊有愚慮敢以冐

聞一曰冊式當議也

高皇帝之肇建後湖黃冊為理民之具民數定則根本

安賦役詳則兵食足而上供

人主覽輿圖之廣大必與因於天下之根柢察戶口之

登耗將以徵於世運之隆替

睿算哀據變越千百年矣歲月既久玩惕隨生有司視為

虛文而設多違日計役胥為故事而一切聽於人為一歷

數代而不更貴問幾戶如故則各部之吉當自為一

冊而收於後湖者又自為一冊也雖書不同緩急何

賴非

皇帝秉至之意也臣查得二十年分黃冊如浙江所

屬州縣處大所屬六縣寧國所屬五縣及廣德建平
等處不依舊冊俱照實徵簡而不煩核而可據百年
秋獎一旦更新識為明其之式也伏乞
下該部轉行各省撫按將其冊之已解與造之已完
者勢雖另造姑准收查其冊始攢造者務照浙江應
天實徵之例求為定式敢有仍前混造者容臣等指
名參
則由此而後黃冊三十年之冊皆真實有用而
相之懇恩可定矣二曰催攢當職也夫催攢黃冊屢
奏
古然所行可之恩綏自北戶造得浙冊除北直隸
山東之餘外有分省次第行販冊至而新冊未至
省有共士界縣冊□但未有者
書既載解冊限十一月以來駁冊限三月以裏即令
之論之新冊已屬過限以後冊矣蓋駁冊不至宜新冊
之更遲也新冊者至無駁冊之可挈矣俟從代之典
籍然所不備
廷之號令格而不行則職掌者安所諉責也夫階曹
有所推諉而
斯不為之事臣不得所終矣其必申嚴催攢之例著

窒礙難行而後可冀其所之速集乎三曰贖鍰當議也臣
查得贖鍰之解所以濟大查必不可缺之資而分行上
江兩縣不宜偏累之困也自不良有司□□門之客
多方刻剝非刑劉知憑□□然十一起解十九私派
而民大困矣行之未幾條件猶罰賤人多之踪且有激
也表
已徵者解去徵者尚詰於濟之消患矣而行司又皆
停徵之名一切延展亦止錄數語字詞皆有待上求
千百分之中而下又一二分者次使其果逍負於下
社也禁之可也而闕之已於而蔡審於史冊巳解而隱
既於姦猾嘶縣那移以派別支引資清冊以爲公費
任意轉取不可悉陳而皆假之手府微是未肯究問
照之臺蔽而承以承官司之稽餘爾大查之資甚殺
而府庫之皆無幾後之不避前者陽□勢於遺之將
何取辦哉仍之
廠
勅各省撫按官除未徵免解外其候欵請留等項盡
數解部發以充大查之用可也臣竊思之徵則有
所在而病民借徵則有所託而扞國必稍節費適廣
至所費臣等於新舊貲冊悉究豫懊其大叢有其
小詞又不敢自照驗其樞之處影皆宜案所驗之

□定以隱得之罪一縣該罪若干即□□限若干有
同□殘役解不得亦加分文而本州則總計十年大
由之費□所求又而土亦不敢奇求以致苦弊乎
上無銀數而下無積貯矣四曰解役當議也且自□
□□來累各省解冊不同有縣自為解一者有合一府
而□各□合數府而解者夫分解者有一人則有一
人之費□□與解者以一人而省數人之費哉第地
□□□冊有多寡又未可槩論也如河南委解官典
□由□□管無彰德等四府黃冊磨勘水泊首半而
□將府尾首相穿着口本山西委解官縣丞張鳴喬
帶解于□等四府黃冊而太原縣缺少者四本盡冊
安至於數□□壞點之□而□□止於一官則□更
□易此所以不免破損遺失之弊也既至於致損遺
失則去不得不發還而勢不得不補造乃恐稱造之
費反不下於分解之費矣臣謂一縣一解則太擾一
省一解則太約而且以千萬之冊收於一日之間即
□力轉養□能詳驗□以宜酌量府之大小者合
□府大若合一府僉委賢能職官押解而又令其□
□堅累以防破損遺失之患則事有責成而冊無□
□矣以上四事皆□缺關無人不能言亦無事不可

行省惟在宸斷之上加之意而已伏望
皇上念版圖之重建悠遠之規
敕下該部備將施行其於冊籍大典不無潤濟之助矣
奏等因奉
聖旨戶部知道欽此欽遵抄出到部送司案呈到部看
得南京吏科給事中陳谷淳等奏爲[illegible]版圖
重務干係甚重事理應從公計件議擬上
請恭候
命下本部通行各省直一體欽遵等因萬曆二十二年
二月二十四日本部尚書楊等具題二十六日奉
聖旨依議欽此
計開
一曰冊式當議
前件臣等看得南京給事中陳谷淳奏稱大造黃
冊有司漫不經心中多隙弊冊式互異止浙江應
天等處不依舊冊俱照實式情弊更新足爲定式
議要將各處黃冊除已刻已完者姑准收查其經
始爲務照實徵橫造一冊爲照天下戶口田糧例
載黃冊誠爲錢糧之典籍十年一造所收後湖

專官查理其所以便瞰籍防姦宄法固甚也乃近
來有司[illegible]套行用者一冊造送[illegible]人是一冊
以大造為故事所以有虛文然非役政之體合
無通行各省直無使官有所偏黃冊除已解已完
者於準收存其未完者照依浙江應天等處格式
[illegible]出實徵冊造來為定例潦草搪塞虛應[illegible]後[illegible]料
臣等名題奏伏乞

聖裁

二[illegible]催冊冊查議
前件[illegible]等奉得南京給事中陳[illegible]事奏稱各省直黃
[illegible]查得今省大府有[illegible][illegible]上界眼冊未至大解冊原
合照驗一照已達[redacted][illegible]解造時要冊[illegible]住律之
例查實審行一節查[illegible][illegible]冊[illegible]冊十二月以重駁
冊五月以裏各完解冊一十年五月內該南
本各冊給事中等官[illegible]文[illegible]題附冊照期議
要限[illegible]限照派住律已經本部[illegible]後奏
趲行各該[illegible]違嚴對所經[illegible][illegible]冊聲冊宜文齊到
日為始近者限二箇月遠者限四箇月照數後湖
如違聽管冊給事中等官參究等因在卷今各省
違不[illegible]

朝廷如故既經科臣具奏前因合無通行各省直
撫按官嚴催所屬所有黃冊令其勒限完造解送
後湖管冊官查有過限本到者指名題參提本部
覆訪罰治伏乞
聖裁
三日贖錢當議
前件臣等看得南京給事中陳容淳奏稱駁冊贖錢
以濟大查以紓上江兩縣偏累奈彼不良有司每
每假名刻剝斯匿議要除未徵者免解外如侵欺
青留等項盡數解部發湖充用其新解貲冊悉詐
究議不必濫駁如有應駁者不得分外科罰一節
為照駁查黃冊蓋欲正版章籍紊亂原非為贖錢
計顧有司中不肖者將此贖錢裒入私囊益得肆
曆二十年十一月內該管冊主事徐存德題準及
此該本部覆奏
欽依將今次黃冊查有飛酒詭寄脫漏那移等弊該行
問罪如一字錯訛片紙頁錄許令冊後改正免罪行
其贖銀已徵者速解拖欠未完者盡行寬免因該行
欽遵在卷今科臣覆議前因誠為有見合無通行
各省直撫按官備查先次贖銀果於在官者盡數

起解不許役隱果如未完近准停免不許[illegible]
徵其令次駁查黄冊定以應得之罪毋得[illegible]
罰仍明開共州縣問過共人等罪若干[illegible]
右干照數解用違者聽撫按官訪實參[illegible]民之

聖裁

日解役當議
件氏等有得南京給事中陳容淳奏稱各省直撫
解黄冊有合公省有合數府有縣自為解者入河
南典史黄衙鳴山西縣丞張嚀篇管解黄冊丰保
破損水漬又餉少木數嵩對數多檢點之難義要
以後小為二府大者一府委解餉官押解以防疎
失一條照民例損壊黄冊之費甚勞管府員
從不加意檢點則損漬脱漏之弊難不能免夫有
司遺例以攢造下民船以供數賠造辛勞不可
監言宜使之途中迷叛完成作[illegible]介科限日
繋議請尤為急要合無通行各省直撫按官以後
起解黄冊小者二府大者一府各委賢能職官管
解如有前項疎虞如縣丞張篇典史黄鶴鳴官者
該科等官從實題參重治不貸以[illegible]

萬曆二十三年

十一月南京户科等衙門管理黃冊給事中

等官臣伍文煥等謹

題為冊庫傾頹懇乞

聖明亟賜修理以重版籍事竊惟

太祖定鼎金陵收天下黃冊藏之後湖其慮甚遠其事亦至重矣黃冊十年一大造冊庫十年一大修如嘉靖年間以來冊庫時尚未久棟宇尚堅即有小傾圮滲漏本湖陸續補葺無煩別議如永樂成化弘治等年分冊庫至今二百余年時已久遠且湖中四面皆水濕潤浸漬易於朽壞蓋之本年夏初霪雨月餘以致樑柱朽爛磚瓦傾塌陰雨淋漓冊籍難

收臣等一面觀諸查驗將冊籍移寄別所一
向行文南京工部亟行修理外隨換該部洞
稱合委大使朱昊帶領作頭洗可傳前來估
計用工料和箕該銀四百八十餘兩查得
本部修理各衙門如百兩之內徑行會料修
理百兩之外該衙門自行題
請
移咨本部修理等圖到科臣等看得本湖所
估銀兩數多委當題
請
及查行本款修庫之例該部出工銀十分之
乜本湖單幫解十分之三此舊現也伏乞
皇
上黔念汜歉乃邪本所係冊庫又民數所閩
敕
下工部轄汀劄京工部亟行修理本湖照統
舊規業行罪職庶庫藏完固而圖籍亦重有
類美臣等不任待
命
之至

萬曆二十八年

六月南京戶科等衙門署管後湖事南京浙

科給事中等官臣祝世祿等謹

題為申嚴黃冊事例以慎攢造以杜姦弊事臣竊

惟平民之情莫先於平其賦役而賦之平不

平要在攢造

祖宗定制天下黃冊每十年一攢造如期解送

後湖查理其變亂者埋沒者飛詭者隱匿者

弊經該官吏里書人等各坐罪名其條甚詳

其法甚密歷年以來又經該部查將冊式幷

一應事宜刊刻榜文圖冊先期給發所司其

意美其法良矣柰何人心玩愒視黃冊如敝

帚弊端百出等法令於弁髦以那移戶口則

將一甲人戶編入二甲者有之以趙氏丁口

混入錢氏者有之以飛詭田糧則田已鬻而五百十七
糧不開除戶已絕而因注弗覈者山東布政
使司所屬黃冊有撒無總南直隸蘇州府所
屬黃冊有舊管實在無新收開除丁口一無
生死田糧一無買賣而戶名貫籍全不對同
似此情弊何憑查理而南直隸應天府溧水
縣廣西布政使司所屬桂林等府全州等州
縣桂等縣紙張盡薄兼有紛飾蛀蝕腐爛不
可經及揆厥所由皆由大造之年有司視為
故事全付里書之手漫不留心甚非所以遵
祖制重民數之意舉三十年又當大造之期若
不預為申飭其何以善其後伏乞
勅下戶部查議預將原定冊式併合行條例事
宜逐一遍查刊入事隨修內法[illegible]差人齎去
各該司府翻刻給發所屬查照攢造仍推廉
能公正年力精敏官員專董其事各該司府
州縣掌印官時常提調仍行各處巡按嚴督
管冊官親臨比較文書到日即令里書先持

萬曆二十年改正黃冊實在照冊抄謄交與監臨官員收掌以爲今次舊管後來各戶親供除軍民匠灶等戶照舊詳開外其餘自萬曆三十年爲止或有新報人丁及置買事產即開於新收項下或有事故人丁并賣出事產即開於開除項下收除既明末須結一實在務使總撒相合字畫明楷紙張堅白冊本如式不許積役包攬以肆科索亦不許濫委貪懦衰老官員管理以滋里書之弊造完之日查果合例依限用印鈐封起解南京戶部轉送後湖收查若督冊提調監造官員依期完解獲有批迴者各撫按官量加獎賞具

奏

旌擢過限不完者即將俸米住支仍重懲經該里書人等監併所親家屬勒限完報該司府州縣之冊收貯不得法而發徒送其害已往往賄去其籍而後送之冊百年如新但有賦役不明一查而決真可爲百姓之耳目茲豪莫可容私良懦恃以無恐其有律

二

國家平明之政非細小矣臣等不勝惓惓仰望之至爲此具本謹題請
旨

萬曆三十七年

九月南京戶科等衙門管理黃册給事中等

官臣段然等謹

題爲預建黃册庫房慎重圖籍事臣等照得後湖册庫自洪武十四年起至萬曆三十年止每遇十年一次大造黃册俱預期蓋造册庫三十間以備收貯查得萬曆三十年大造黃册預於萬曆二十七年具

奏起蓋册庫今照得萬曆四十年復該天下司府州縣等衙門大造黃册解湖其貯册庫房相應照例先期蓋造況今後湖新洲該建册庫處所四旁草木茂盛湖水浸刷翦除攔砌工程浩大尤須預先開荒整理伏乞

勅下工部轉行南京工部查照往年事例委官

帶領匠作人等過湖相勘議處一應合用物
料夫匠等項盡造冊庫三十間及冊架披墊
板木齊備庶不臨期有悞冊籍其有賴矣再
照冊庫每座必三十間每間必十餘櫃非築
栫固則基址不堅非材木真則易致蟲蠹況
建之湖中物料頗難於搬運出自官造淹久
恒至於怠弛兼以督理接管不常夫匠更換
不一非委最易責成頗難往往築造不精傾
圮相尋告成甫畢報壞接踵或一牆一傑下
脩致椅一間牽倒或一椅一柱蠹朽致將全
庫不論動當此之時欵補其壞處則牽扯者
勢不耐久欵盡修其全庫則新建者理難更
造以此隨修隨壞詎難經久東柱西撐率無
完庫勞而無績費而無補皆因初工不情責
成不嚴所致也假如初建官匠各矢心著實
如民間自己蓋造房屋縱湖中水氣烝濕人
烟隔遠易於損壞則亦必可以延數年之久
何至方完而即壞如此耶更乞

勅下該部令次造作冊庫將督工官員并應役
匠作逐一刻名於原造庫柱定限或五年或
七年必出限無壞方與原修官匠無干如限
内有前項損壞者明係經管經手人員不行
用心如法蓋造不論官匠一體依律問罪仍
量責令賠償修理夫如是罪既有所歸則工
必不敢易此亦慎重圖籍之急務也爲此具
本謹題請
旨

南京戶部尚書鄭　等謹

題爲修實政恤民隱防詐冒以明職掌事內一款關請給關防

以杜詐冒南京後湖黃冊額設戶科給事中一員

戶部廣西司主事一員兼同督理誠恐其事出戶

科先年業已請有關防而本部主事未經請鑄至

今尚缺關防一應文移其鈐蓋條記止行上江兩

縣刊刻木石爲之殊非法紀即使中有假冒何從

知辨應行禮部鑄給以便遵守題請去後隨該戶

部覆題奉

聖旨是准與鑄給與後湖黃冊主事關防隨於萬曆

三十八年十月內

頒給關防到部

[illegible]陵志　卷之十

萬曆四十年
三月南京戶科署管後湖事南京禮科給事
中臣晏文輝謹
奏爲
祖宗創法盡善寺臣議法難行敬陳後湖興建
之由駁贖之用以祈
聖鑒併候
聖裁事臣惟知無不言言無不盡懷忠者之所
爲効忠也不知而言言而不實好事者
之所爲多事也光祿寺少卿徐必達因論
黄冊均田而波及後湖駁冊罰贖灑灑不下

數十餘言此臣未署湖印時蹤與臣無干也臣若可以無言但今既署湖印則即臣之事也臣又何可以無言敢據實為

皇上陳之

高皇帝定鼎金陵首重圖籍相度後湖週環四十里中有數大洲相繼創造可藏千萬年之版冊規模甚宏矣初撥以戶部侍郎後改戶科一給事戶部一主事專督巡湖有役過湖有舟繇舟有人繫舟有鎖其匙掌于

大內

欽定一六過湖點生稟給匙鑰非其期不敢渡非湖官湖役工官工匠不敢渡防範甚嚴矣

欽定十年一大造前五年既查後五年收查當開查時每年一科臣二御臣同部臣輪流湖內監生書手畢集收查時每年員役始半之軍民匠灶之戶曰不敢照影軍民匠灶之事產不敢亂籍符新收開除實在之數目不敢

隱[illegible]詳矣今寺臣三後[illegible]
黄冊皆祖洪武舊本謄寫與實徵丈冊不同
有闕將之名而不足憂田賦陋塞之實[illegible]言
良是至罰照實徵之浙造逆後[illegible]不必查賢
寺臣能必天下迭冊甲[illegible]人人[illegible]誠毫不作
弊乎能必天下對冊皆司戶戶對貪毫無遺
漏乎夫田糧作弊役行田有糧之家猶可撥
魚鱗冊以清查戶戶[illegible]作弊[illegible]進[illegible]逆官[illegible]
杜者不為駁正任憑里書為奸弊徒更[illegible]丫
年以後將盡去其籍而民之矣爭者訟者何
所考而查耶夫洪武舊本旧本之[illegible]水之源
也木有手條萬幹總出一根水行于支萬減
總出一須人有千門萬戶總出于軍民匠灶
之一籍惟據舊籍以查駁底數隱[illegible]者
黟不能遏不然何臣署無一月廢徽州常州
安豈場費釋[illegible]之爭訟而告查湖冊河南[illegible]
縣之被焚而告[illegible]底冊者紛紛乎且駁者駁
其有弊者非駁其無弊者也若云任意而駁

後湖志　卷十　二

不惟湖書不敢詰天下其非脈之駁既有弊宮當有斷弊而不罰何以明法罰而不贖何以便民寺臣曰罪不當皋求非其有寺臣其將等科臣干御人者耶況此罰贖科臣泉不溝而於之昔銀藏財于存庫用隄曾于部司文給有各後之滋杖奏激有各項之款目彰可查令乃口以一衛門公費而騷擾邊天下干法云何寺臣亦夫該其真而失言矣本湖冊陳自洪武十四年至萬曆三十年庫房巳不六百六十七間其內貯黃冊一百五十三萬一千四百五十八本庫匠經騍當共一百八十三名其草能楷謄為我濟半隔在五年每年約照數查書手三至時名杖查五年每年存留書于四十六名其蕃祀符報為我查手故染計隔存五年每一年書匠工食派歸等項約用銀九千六百除兩牧查五年每一年約用銀四千一百餘兩閘人之多寡而斷量解數不得不然也本湖

紙書四名銜書四名六科書辦各二名寫本書辦各一名名貴本差舍各三名南北抄報一二名醫生二名部司書辦二名共五十三名本湖名門皂及六科門皂馬夫皁役部司各役共六十名計每年工食銀一千三百餘兩以科部之合用而所派應役不浮不恭也湖內官稟監生冊房書匠住房共二百三十三間湖外官廳等房共二十三間及前冊庫六有六十七間併見今新添冊庫三十間其大修每千兩協濟工部三百兩小修則本湖自備以逐年之修葺而所辦經費不貲不然也凡興不詳不然之用度從正統以前皆永上元江寧出辦民苦重役捐率[illegible]下以政先科早史魯見獨累之苦條救民之策于正德九年題

准

為通融查冊費用以蘇民困事大約冊以黃冊之罰贖散寄天下之庫藏以累二縣之遠從莫若解應天之府庫充給本湖之工食以解二縣之倒懸部覆奉

青遵行載在誌書可考繇斯以觀是工食也而
非公費也是利民也而非擾民也是
聖祖之
欽允而非科臣之私斂也查科臣部臣於年不
過心紅紙御各十八兩到任過湖宿湖一飯
而已此外無費也寺臣實然誣為公費而歛
義革則以廢後湖之
黃冊而後可乃寺臣又曰以實徵文冊造送
役湖則後湖似又不可廢矣後湖不可廢而
無工食則無書匠無書匠則誰守冊籍誰守
房舍寺臣亦不覺言之矛盾矣夫耳聞不如目
擎廬傳不如核實帘有今昔之不同人有彼
此之各別自非甚不肯者誰肯安然坐污泥
從炭之內而不瀝然處水盡秋月之中纖朝
冷詣無風而波古人雖已獨為召了今人誣
人盡是小人不知寺臣胡為出此言也或旨
寺臣當曰之在南銓也見一二科臣多徇情
以買湖紙多取銀以買湖賠多不難燒疑以

招物議其入雖已察去其事猶未忘懷汝不再核而浸為此言耶然以昔而槩今又彼而槩此則立言者皆陳言者驟而當事者俱矣為且美言足市甘言易入寺臣以不驗不罰為言必啟天下之信從臣以應驗應罰為言以奏天下之譬喻天下信從乎寺臣而譬喻乎臣必不解已前之贖以為將來查冊之費大造伊適大用無資

大典大法將廢然而不復振舉矣更又加以公費擾民之說是諸臣名御之所禁非一人嘗吐之可乾者故不得已而具疏

上陳伏乞

勑下九卿科道會議將依寺臣言廢後湖之冊耶抑遵

皇祖制造後湖之冊耶將停槩罷分派上江二縣戶工二部以給冊役科役工食耶抑仍驗罰令冊後科役工食料作耶給于贖鍰耶孰可孰否何去何從惟

聖明電鑒斧裁所巳矣至其中間宜省宜藏以
讀
朝廷節約之意亦俟大造之年督冊之臣臨期
斟酌而非代庖微臣今日之所能逆睹而預
討也事干
國制詞貼
宸嚴臣不勝悚息待
命之至

萬曆四十年
十二月南京戸科管理黄册給事中臣黄建
中謹
題為册務旁撓可慮法紀申飭當嚴敬循職掌
臚陳末見以釐積弊以重版圖事竊惟
國家立法始未嘗不善而後不能無弊若萬目
憂時而併欵廢法則過于紛更若永詭製件
而坐視其弊則過于因循二者皆非所以守
章而褎一統之感治也臣兩為刑官查盤諸
郡鏡競以搜奸別蠹為務令蒙選授留垣專
管後湖當此履任之始違値大造之期敢不
悉心釐正有負任使先足光祿寺少卿徐必
違因論均田末後揷入後湖一段訓天下大

一
四八十三

淮

造黄冊率皆曆寫舊本無一實數且以一倘
門公費援遍天下詐將查駁併費錢事例盡
為裁單己經科臣晏文輝辯駁甚悉矣繼有
堂臣朱萬春揭帖追恨原任上饒時冊道有
查詞之弊猾吏有横歛之弊因議及後湖駁
罰訪永節省必違乘此後出一揭反覆數千
言大案試以駁罰之任付之監司府佐其不
如式青聽後湖官指名參究不必于參究之
外尋嶺查駁至後湖工食修理之責裁酌定
數分活有直于各督冊官罰贖內動支以免
重罰其詭不審詳矣竊謂本湖駁罰以充工
食修理之用以者上江二縣之若此題
事例也不知冊道重罰奉何明文作何支紡
縣按若知似雖縱咨不問乃不此議禁而何
乃以総害歸之後湖乎監司府依專任查駁
其不如式者駭後湖官指名參究以矣不知
解冊到時將懸坐其不如式而謹參乎抑查
其不如式而後參乎夫不如式之以多矣勢

不得不細查既查不得不駁既駁不得不陳
正若不改正將詭以傳詭又何以為下次開
查張本手至于造冊開有騰寫舊本者總以
解冊備門計之不及二十之一何乃據其一
偶之見盡謂天下皆係樣葫蘆手此則留心
世務錢意紛更亦志其身在事外而未洞其
底裹也夫後湖二百餘年之職掌係
聖朝千萬年之根本遺款一旦廢格身任其事
者詎敢輕議乎但樹移日久獘生法弛人玩
即微寺臣言之有不容生視而不為一振剔
一節省者謹虛心參酌係議五款
上奏伏祈
聖慈採納俯賜施行版圖幸甚臣愚幸甚
計開
一覈實數竊照大造黃冊事例以上次駁正
者為舊管十年之內人丁有新故田產有
推牧俱照實徵數目造于新收開除項下
以為實在節經頒行冊式矣今查解冊倘

二

門計有一千六百餘處尚多依式開造分別款項但其中指狀之數不合前後之次失倫不無飛詭等弊有煩查駁若卯州爲州等處七十餘州縣則謄寫舊本止存軍民匠姓之名更多參差脫漏之弊飭令莫可究詰此皆有司怠玩視為故事督冊道府謾不經心何怪乎嘵嘵者款以嗑發食也乞

勅戶

部轉行各省直撫按官責成各造冊官俱照實徵丁根之數攢造不許抄謄舊本塞責如再故違定行參究至于前次解冊若川陝雲貴等處則一省類解河南山東等處則一府類解江浙南直隸等處則州縣零解夫全省類解試兩便矣省分大皆不能合一省獨不可合一府乎若俱令委官類解則不特免稽違之弊亦可省零星之費矣伏乞

一禁科罰竊照黃冊到浙通查內有變亂埋
沒飛灑詭寄那移脫漏等弊數行各處[illegible]
正擬罪至于一字差訛片紙瑕疵不必深
求事例昭然在也但不才有司借此撰征
掩有力為無力以潤私囊貲冊官又或照
解湖之數重取一番其指衍里書一遇大
造先向人戶科款曰造冊要紙張也解役
要鹽貲也各衙門要使用要罪銀也多者
滿千少者數百早已侵分入已及至冊完
之日司府使用不到則黃冊之解懲期罪
銀花貲難追則駁冊之解總期以至數年
尚未到湖情弊顯然天下馬滑不稱攫手
乞
勅戶部轉行各省直撫按官將重罰科歛等獘
嚴加禁革其應用造冊紙張所費不多動
議處給查出駁冊中識有變亂飛詭等項
獘端照例擬罪若止年月字畫無心之錯
者但令改正不必濫罰仍明開問過甚人

二

三

五、六、八

等罪若干解銀應天府以備支用則所省
民害不淺矣伏乞
聖裁
准一事
勅書
令甲

重事權查得嘉靖九年題
理內云各省直督造黃冊官如有紙張粉
歸差錯稽遲等奨俱聽後湖管冊官指名
系究不分已未陞還俱照例以罷軟黜退
萬曆十一年奉給
內開各省直委官督造黃冊各該撫按官
勅限完解有違限者住俸督催如仍故違
聽後湖官指實系究若撫按官市恩寬縱
亦聽後湖官指名系奏載在
軟般不遵但每年開查名處違限懲期者
不一而足後湖官率存厚道未閣參處一
二夫責在言官不難他有搏擊以示風力
而于此故遣者互以為不足辱台簡贓掌
之謂何又何怪其視冊籍為故事以管冊
官為贊庶也令查三十年分黃冊尚有數

處未到者十年二十年分[illegible]
未到者三十年分駁冊有[illegible]
以限計之則遲之又遲縱有新冊將何[illegible]
查其故遲廢甚矣乞
勅戶部轉行各省直撫按官行令各該冊官查
將歷年未到黃冊駁冊併同十年新冊通
限四十一年六月以前到齊如有故違定
行指名參處伏乞
聖裁
一汰冗後本湖大查五年舊用書手三百餘
名令酌用一百五十名除[illegible]在校查書手
四十六名外再取一百零四名以足前數
人用其半功求其倍每年可省工食銀二
千七百餘兩收查五年止用原在書手四
十六名抄謄駁語前件酌量多寡分功進
湖華匠一百八中三名計晒隙黃冊一百
五十餘萬本似難議減惟看守新庫舊例
該增十名令四十年新庫三十間須用看

五十七

守酌議不必外取即于見在庫匠內量摘
十名以充其數每年可省工食銀七十餘
兩本湖科部及六科書辦門皂馬夫等役
共九十二名其人各有供役遷雜議減惟
差舍二十一名似乎太多量減六名每年
可省工食銀一百餘兩以各役工食言之
庫匠門皂等役日給銀二分無容議矣若
書手等役其事須其力勞既己裁其人數
矣可復裁其工日手照舊日給銀五分似
不為多也前項食食俱行應天府各具領
狀支領每追工日科部官遂一點查書匠
其給假者扣銀還庫以上所省銀兩若有
龥餘不妨題
濟別項公用什三

請恔
聖裁
一

議修理照得本湖冊庫官廳號房科部衙
門年久不能不壞既壞不得不修第前此
惜修理之內而別項費用于焉取給或聽

奸商鑽求而預買木料致價值之多虧或
任書役胥破而東支西費致爐疑之罔避
彼旁睨者逃聽者不免滋多口矣合無令
後凡大修者移會工部估修照舊協濟其
小修者行委應天府廉能衙官一員前來
從實估計監督修理會同工料清算明白
即給文與本官赴府支領眼同給散並不
令湖後沿乎本湖官惟稽其工程四使有
胥破等弊至于公用有必不可省者如過
湖宿湖飯食應用紙劄書炭等費俱明閘
款項赴府支領不許混入修理項下仍于
冊內明白開造其賍一切胥支濫費等榮
盡行杜絕廒各後無從滌指而管冊官雜
款自外于冰壺秋月中不可得也伏乞

奏繳

聖裁等因奏
聖旨該部知道欽此欽遵抄出到部送司案查
萬曆三十九年十月內查得四十年分該
天下各司府州縣重造賦役黃冊所有應

五八六

行事宜已經本部題奉
欽依通行欽遵去後今該前因通查案呈到部
看得南京戶科管理黃冊給事中黃建中
條議冊務欽件皆補偏救弊之良謨經
國愛民之實政既經題議前來除議修理一款
係隸工部掌行聽該部題覆外其間覈實
數等四款相應開立前件酌議覆
請恭候
命下本部移咨各該巡撫及咨都察院轉行巡
按御史嚴行各該省府州縣經管官員一
體欽遵施行等因萬曆四十一年四月初
九日戶部署部事左侍郎李　等具題
十三日奉
聖旨是欽此欽遵擬合就行為此合咨前去備
行到湖煩照本部覆奉
欽依內事理欽遵查照施行
一覈實數
前件臣等看得十年之間戶口有消長產業

有推收且滄海桑田變更難憑故必一大
造黄冊以清賦役乃均平之重典也若推
收之數不合前後之次失倫抄謄舊本止
存額民匠灶之名與多參差飛漏之弊明以
屬有司怠玩循襲故套以塞責也將何以
查飛詭之奸清積習之弊乎俱應如議責
令各造冊官躬親查算務使田產人丁推
收胎合總撒扒同知仍前抄謄舊本字樣
差訛推收前後互異該管有司安能辭責
相應稽名察覈以警怠忽至如解冊之規
若省小者全省類解省大者一府類解均
為遼可言江浙南直等處州縣零星解送
幾于煩擾以後江浙南直等處俱令一府
類解庶清查有據而免于瑣屑之費矣伏
乞

聖裁

一禁科罰

前件臣等看得黄冊查駁之罰本以禁那移

脱漏之奸變亂埋沒之弊令不才有司借此攢征積猾里書因而科斂是款[illegible]弊而又滋弊也貽害小民豈淺鮮哉相應如議嚴加禁革其應用造冊紙張酌議處給如駁冊中的有變亂飛詭等弊當照例擬罪明開其人等因其罪罰贖銀若干解應天府以備支用如止年月字畫無心之錯但令改正勿加濫罰以杜擾害庶閭閻無鷄犬之警而蒼黎蘇攢征之困矣伏乞

聖裁

前

一件一重事權

臣等看得黃冊乃賦役之本十年一造所以勸稽覈也故歷年言官建白甚詳如有粉飾差錯稽遲等弊聽後湖官指名叅究

令甲昭然孰敢怠玩奈何三十年黃冊尚有數蠹未到者十年二十年分駁冊有數十處未到者而三十年駁冊未到數盈數百矣

舊冊未到新冊可知縱有新冊將向以為準而考正乎相應如議一應新舊未完之冊定限四十一年六月以前盡數到湖如再故違聽該管衙門指名參究以警怠忽廒解送無稽遲之慢而粉飾差錯之弊可少杜矣伏乞

聖裁

一汰冗役

前件臣等看得人役之設足以辦事止矣多則滋糜向禪手事相應如議書手三百名酌用一百五十名汰革一百五十名其枚查年分較常開暇止用原在書手四十六名所有新庫三十間即于見在晒晾黃冊庫匠一百八十三名之內摘取十名看守不必另行增添其差舍二十一名既稱太多亦裁減六名至于各役工食庫匠門皂月給銀二分書手等役日給銀五分如有給假者按月扣銀還庫積有贏餘併汰省

七

二六十三

工食銀兩一併題
請協濟廠衙門無冗費之徒而
國家杜糜費之竇矣伏乞
聖裁

天啓元年二月

南京戶科署管黃册事給事中臣歐陽調

律謹

題爲欽奉

勅命事准南京吏科給事中姜習孔關稱准禮

科給事中晏文煇關稱先因六垣缺官有

後湖京營俱奉

勅命管理不意于泰昌元年十一月初一日夜

有南軍惑聽秉

聖天子御極揆
詔擺隊擁衆挾賞將禮科公署燒毀黑夜人衆
雖以救護遂將後湖京營原領
勅書二道俱毀無存關防二顆見在無恙已經
具
奏外止將關防送臣接管該臣照得後湖
勅書一道專董天下大造册籍此萬年根本所
係況今值十年大造正宜行查清理釐奸
剔弊非奉

天語無所責成查得萬曆四十三年内有前任
戶科給事中張篤敬奉
命巡視營務燒燬
勅書隨經比照萬曆三十五年内監察御史李
雲鵠曾燬巡視上下江
勅書二道具疏
請補訖今照給事中晏文輝所管後湖
勅書似與前例相合伏乞
勅下禮部查將前

行滋六
勑照舊頒給以便遵行緣係欽奉
勑命事理爲此具本專差舍人杜一鳳賫捧謹
題請
旨奉
聖旨該部知道

天啓元年二月
南京戶科等衙門署管黄冊事給事中等
官臣歐陽調律等謹
題爲預建黄冊庫房慎重圖籍事臣等竊照
後湖冊庫自洪武十四年起至萬曆四十
年止每遇十年一次天下大造黄冊觧湖
俱預期蓋造冊庫三十間以俟收貯此定
例也今查天啓二年又值大造之期應當
預行修建但後湖新洲該建冊庫處所草

木蓊翳波濤蕩激一切芟刈隄防工用浩大所需于開荒整理當先而發為之計從來皆然亦理勢之不得不然者伏乞

勑下工部轉行南京工部查照先年事例委官帶領匠作人等遍湖相看議處將𢿆三十間合用物料及夫匠工程等項逐一料理齊備庶不臨期有悞耳再照棚廠每廛必三十間每間必十餘檁非非築杆之涸而望其有基勿壞難矣非材木之良而望其日

久不蠹抑又難矣故往往築造不精傾圮相尋或一墻一礎下陷致將一間牽倒者有之或一梁一柱朽蠹致將全庫動摇者有之勞而寡効費而無補嗟嗟

國家有限金錢此何時也尚能堪此朽蠹哉縱云湖水浸蝕人烟隔遠易于圮壞而假令受事者各殫心力視官舍如己居室豈令速朽至此哉先該科臣題

請造作冊庫將督工官員并應役工匠人等遂

一刻名于原造庫柱定限十年無壞方與原造官匠無干如限内有仍前損壞者明係經管經手人員不行用心一體依律究治仍量責賠償修理此其遵行已久法非不善而無如委官各役故事相尋則由于委任之不專也夫事無專屬甲換乙易互相推諉且事經十年官吏不知幾更待其事已去而問之無及矣亦由于採辦之不實也夫物有良楛而成毁因之有如以不

堪物料冒破價值是朽蠹之根不在異日而在今日矣合無今次造作該部專委能幹官一員令始終其事計日課程勤惰有稽能否有别庶乎責成專而本官盡力効用矣至扵買辦物料錢粮經手鮮屬該部委官而猾胥可核物料可衡一切務必勝任而後媮快庶乎實用臻而朽蠹之根先杜矣由此行之事半而功倍費省而用實

總以補

切令之所關可竝行不悖而當此公私詘乏之
時但省一分耗蠹得留一分物力臣終不
敢因代庖苟且塞責也伏惟
聖明省覽并乞
勅下該部容臣等遵行其于慎重圖籍之務豈
小補哉緣係預建黄冊庫房慎重圖籍事
理為此具本專差舍人杜一鳳賫捧謹題
請
奉

聖旨該部知道

四

天啓元年
南京户科署管黄冊給事中臣歐陽調律
等謹
奏爲革澆風以防壅蔽事臣等察查前事先
於嘉靖二十六年三月二十四日該南京
户部手本廣西清吏司案呈奉本部送准
户部咨該本部題山西清吏司案呈奉本
部送於户科抄出南京廣東道監察御史
韓一佑奏奉南京都察院劄付准都察院

咨該本院題刑科抄出給事中羅崇魁奏
前事及南京户部尚書閔楷奏爲稽查後
湖積貯銀兩以節濫費事各抄到院備咨
南京都察院選委御史一員查弔事内文
卷將後湖銀兩通查明白開造具奏施行
嘉靖二十五年五月二十五日太子少保
都察院左都御史周用等具題本月二十
五日奉
聖旨是這銀兩着從實查明具奏欽此欽遵咨

行到院劄行廣東道監察御史韓一佑查
明具奏施行等因本官已經備行應天府
弔取歷年收支後湖銀兩卷簿逐一清查
並無侵欺情弊查自正德十一年七月三
十日起各處解到銀兩存留應天府貯庫
後湖一應給與書手庫匠工食並紙劄修
理等項支費俱該府據管湖給事中等官
明文徑自動支原不關白該部合無今後
該府准到管湖給事中等官行文支過銀

數每一季終差管庫官吏赴該部註銷管
湖給事中會同管湖主事仍每年春正月
類將在前一歲收支過銀兩並實在數目
造冊具本
奏繳庶該部錢糧出入之數俱明而彼此不
致有疑悮矣等因奉
聖旨該部知道欽此欽遵抄出到部送司案呈
到部看得南京廣東道監察御史韓一佑
題稱後湖銀兩今後該府支過銀數每季

終差管庫官吏并部註銷所湖給事中主
事仍每年春正月將在前一歲收支過錄
兩並實在數目造冊
奏繳各一斷相應依擬以後率以為常則錢
糧互相覺察事體亦廢穩便等因請二
十六年正月十六日本部尚書王杲等具
題本月十八日奉
聖旨是欽此欽遵合咨前去照本部題奏
欽依內事理欽此查照施行等因咨部送司案

練湖志

呈到部擬合轉行管湖給事中會同本部

主事照該部覆題奉

欽依内事理每年春正月將在前一歲收支過

銀兩並實在數目造冊

奏繳施行希造青冊一本送部查考以後率

以爲常等因先經備行到湖除將上年銀

數照舊造冊具本

奏繳外竊照後湖駁冊贖銀寄貯應天府庫

每年四季支給各役工食並修理物料紙

劄等項移會戶部行文支給歲終類冊繳
報此舊例也但查冊開各役工食俱有細
開花名可稽而修理物料等費止開支銀
總數並無領給撒數相沿已久不免含糊
可疑臣雖代庖比受事初已急行更正即
會同督冊部臣胡繼先關白合干衙門自
天啓元年四月内為始一應支給銀兩不
論各役工食與修理物料等項俱要逐起
細開其項用銀若干又總開用銀若干務

使總撒相合仍於支領各項下各標記領
銀姓名以便稽查遇支銀之日仍造此式
各備造簡明清冊知會合于衙門兌閲彼
此互考故今將天啓元年正月起至三月
終一季仍照舊式登造蓋此未經臣更正
之先者也自四月分起至十二月終三季
即照新式登造蓋此屬臣更正之後者也
總將應天府寄收後湖銀兩分別舊管新
收開除實在數目備細攢造文冊具本奉

差舍人顧守信齎捧

進繳謹具奏

聞

天啟元年十月廿八日具題十一月廿五

日奉

聖旨該部知道

右跡每遇年終奏報一次例也但開報支

銀列款分項一切縷析寧不憚煩惟取總

撒相合姓名可考以便稽核耳立法謬自

今始故標一於此以後不贅

天啓元年十月

南京户科等衙門署管後湖事給事中等

官臣歐陽調律等謹

題爲申嚴黄冊事例特懲㘩仍㡀習以重版

圖以甦民困事臣等竊惟民生利病莫大

于賦役故

國家經制莫要于攢造

祖宗功令首重攢造以均賦役每十年大造天

下黄冊定以期限專貯後湖盡法查理其

變亂埋沒飛詭種種姦弊責在經管官吏
里書各罪有差又歷来屢經
題行該部申飭逐将冊式並一應事宜刊刻
榜文圖冊先期給發所司其法甚嚴其條
例甚具也柰何人心積玩輒視冊籍為撒
帚弊端百出竟等法令于弁髦以那移户
口則甲之户可徙于乙而趙之丁可移于
錢以飛詭田糧則田已罄而糧不豁户已
絕而田仍舊甚至抄謄故紙而總撒不符

開收不列者有之又有淆亂規式而彼此
矛盾前後顛倒者有之以故人多百歲之
老產竟世守之業從来已然而以竹簡之
粉飾供蠹魚之腐蛀蓋難屈指矣所以然
者蓋緣大造之年有司視為故事委之里
書漫不加意不過曰駁查有罪例在率循
便足了當耳臣等自為令時痛懲此弊每
見各處凡遇大造里書蒙造册之名而循
胥實分受包攬之利迨至駁查里書蒙罪

擬之名而小民實槃受罰鍰之苦故當其攢造之時民間已有駁贖之派僉既削于徵科及其駁問之日小民復有增贖之擾髓仍竭于追呼且使功過無分勸懲不別此亦一罪彼亦一罪更何所悼而不相牽苟且完事耶是奸胥不惟不開痛痒反以罪名為奇貨罰鍰不惟不足以懲惡玩反足以滋弊叢嘗試揣天下贖鍰歸湖内者十一凋官橐者十三而撫擾在民間者已

不啻百千萬億莫可究詰矣夫據附本以
均天下之大利害而未能貽利於以啟害
駁查本以核天下之大奸弊而未能除弊
反以長奸
祖宗立法之美意謂何而忍令其胥越至此耶
臣雖代庖敬與部臣胡繼先協力殫心共
期勝任除一切湖內洗滌積習裁抑繁冗
嚴懲胥役之奸頑綜核錢糧之出入可經
行者已經振刷未盡事宜另

請申飭外今天啓二年又值大造之期伏乞
敕下戶部查議首華里書衙胥通同攬造之弊
並嚴禁駁查贖鍰騷擾小民之習其原定
冊式并合行條例事宜逐一通查刊入榜
內先期差人賫發各省直翻刻給發所屬
查照攢造務揀精壯官員專董其事
督率各該司府州縣掌印官留心料理嚴
行各撫按責成管冊官員比常倍加嚴謹
文書到日即令里書以萬曆四十年十年改正

黄冊為實在照冊抄謄交與監臨官責收
掌以為令次舊管後取各戶親供除軍民
匠灶等戶照舊謄開外其餘自天啓二年
為止或有新收人丁及置買事產即開于
新收項下或有事故人丁并賣出事產即
列于開除項下收除既明總結實在務使
總撒相合字畫明楷紙張堅白冊本如式
造完之日依限用印鈐封起解南京戶部
轉送後湖收查若督冊提調監造官員冊

果合式依期完解獲有批回者各官宜以
賢能獎賞各撫按官仍具
奏旌擢如有積役仍前包攬以肆科索或貪
婪衷衙官員濫承委任以滋里書之弊過
期不完及紙張紛飾不堪者各官即將奏
罷任支以不[illegible]以懲經管里書人等監究
勒限完報計應得罪名着落本身承當不
許牽連無干仍前巡撫應手功罪分曉人
有勸懲賦錢清楚人可休息習染為之一

新風槩可以永杜當此民窮財盡之日豈
曰小補而
祖宗立法真可以傳億萬世不敝矣臣等不勝
翹首仰望激切之至
天啓元年十月二十八日具
題十一月二十五日奉
聖旨該部知道

志卷之十二

六朝

五代

南唐識事跡録　鄭文寶

金陵北有湖周回數十里幕府雞籠二山環其西鍾阜蔣山諸峯聳其左名山大川掩映如畫六朝舊跡多出其間每歲菱藕罟網之利不下數十百千一日諸閹老侍漏朝堂

湖志　卷之十二

語及林泉之事坐間馮讜舉元宗賜賀監三百里鏡湖信為盛事又曰余非敢望此但賜得後湖亦暢平生也徐鉉怡聲而對曰主上薄賢下士常若不及豈惜一後湖所乏者知章爾馮大有慚色

宋

奏請廢湖為田疏 熙寧八年

王安石 字介甫號半山臨川人熙寧中拜中書門下平章事封荊國公

臣蒙恩特判江寧軍府於去年十一月十一

月到任僚當職事當時集官吏軍民宣布聖
化啓迪皇風終成一統所幸四郊無壘天下
同文然臣切見金陵山廣地窄人煙繁茂爲
富者田連阡陌爲貧者無置錐之地其北關
外有湖二百餘頃古跡號爲玄武之名前代
以爲遊翫之地今則空貯波濤中之無用臣
欲於内權開十字河源泄去餘水次澄微波
使貧困飢人盡得螺蚌魚蝦之饒此目下之
利水退之後濟貧民假以官牛官種又明年

之計也貧民得以春耕夏種穀熟之月欲令
明勅所司無以侵漁聚歛只隨其田土色高
低歲收水面錢以供公使庫之用勿令豪強
大作侵占車駕巡狩復爲湖面則公私兩便
矣伏望明降除章綏懷貧窮

跋放生池碑

歐陽脩字永叔廬陵人翰林學士謚文忠

右放生池碑不著書撰人名氏放生池唐乾
元處有之王者仁澤及於草木[illegible]

必遂其生而不爲私恵也惟天地生萬物
以資於人然代天而治物者常爲之節使其
足而取之不過萬物得遂其生而不夭三代
之政如斯而已易六傳曰庖犧氏之王也結
通神明之德以類萬物之情作結繩而爲網
罟以佃以漁蓋言其始教民取物資生而肇
萬世之利此所以爲聖人也浮屠氏之説乃
謂殺物者有罪而放生者得福苟如其言則
庖犧氏遂爲人間之聖人地下之罪人矣

放生池建青溪閣記

張栫

金陵古帝都也青谿數曲近在城中晉則[illegible]郗僧施之所領覽陳則爲江總持之所據[illegible]二人者雖號爲尊名宦擢貴次丘壑一時遊[illegible]從見於賦詠然襟跋賦詩之時君臣狎昵遊[illegible]瀰漫淼竟不能免豔妃橋上之戮至今使人羞之則青谿殆爲江令所汙而不可洗也是時段氏結廬其上王半山詩之而訶[illegible]

遂振兵大後走題牆埋荆棘取給於漁獵
老圃之用鍾山之秀無復歷此豁之上今
大帥史公繇甘泉法從宅牧留京政脩户庭
而人自得於一路上州之外凡地之勝與景
之殊者悉表出之六朝以來人物事跡搜訪
具備覺山川益奇登覽益多而聞見益廣至
是青谿數曲之地足歷而心營之因梛堤之
舊景層閣之新忽若飄浮上臨雲氣環城之
山畢出軒露朝漪夕嵐烟顏雨態盡得於措

顧之内公聽訟之餘風清月白蘭橈畫舫時往來其間無紅旗穿市之勞有延綠混碧之觀龜魚禽鳥欣榮飛躍鳴聲下上而自喜得所遇焉是可爲青谿賀也一日公顧謂客曰夫豈以遊樂故而爲此哉予之意殆非也嘗迹建康志顔平原爲昇州日據石壁棠太書奇字以紀乾元放生池者蓋自江寧秦淮連太平橋並江帶郭皆禁網捕所以崇皇明而廣慈愛也今青谿之地延袤數里瀰連葭葦

聯[illegible]

萬億皆欲使之遂性咸若闔闢洋洋游泳恩

波以祈而官萬年之壽此予之理是繇創層

閣而以時往来其間者述平原之忠舉乾元

之實而效滿臣之精懇者也容闢而嘆乃酌

而贊之椽乃摭其事而書焉

皇明

移置記　楊廉豐城人南京戶科給事中

予来莅後湖版圖之次年是為弘治壬子是

歲夏六月始宿于湖中文冊浩穰漫若煙海

竟日繙閱疲極心目時霪霖雨連日者氣鬱蒸無所
于休其體顧荷浦柳堤不遠伊邇有不可得而即
者偶覩廳事左偏度閣之前有萱且花惜其處于
偏僻人跡罕到而予方求所以少滌煩襟者欣得
焉即畀舉于廳事之後移植其中覬以簿書之暇
得資遊息庶乎在我者常逸而所以要理乎前者
無以汨吾丹守之天否則心清時少而亂時多欲
不爲其所汨難矣後移之次年是爲癸丑春三
月予所宿於湖中觀其根葉鬱茂生意欣欣敷其
亦輸人意而自慶所遷者時雖未花而已可頎

卜其感矣予聞萱草忘憂又聞萱草一曰樹之背今茲草于吾廳事後之壁而植焉爲不失地矣而范希文所謂江湖憂君則此激志之若予來此雖甚有公事亦昔人所謂湖中可了者而其憂固不在是也

移蓮記　前人

予既植萱于廳北之兩臺越歲餘得陶缸于墻隅甚鉅以衆力舁致于兩臺之間取湖蓮之根而種之附以污泥汲以清泉旁萱而中蓮尊蓮也蓮何爲而尊濂溪周夫子命蓮爲

花之君子若是焉衎而不尊之吾郡黄太史庭堅作濂溪詩序有胷中洒落如光風霽月之説延平李先生稱其善形容有道者之氣象此誠名言矣但太史公又有髙荷爲蓋兮下知何處散髮醉之語此恐不可以比擬想像濂溪也雖然夫子之於蓮其真趣殆非後學所能縣窺至於景仰乎洒落光霽之表則藐予小子安敢自棄若曰蓮之愛而同予者則誹可犯是不韙哉記移荷後一日記

過後湖記　　許宗道休州人南京户部郎中

正德壬申秋南京户部以天下版籍之在後湖者間有訛謬記其處重令正之乎叨職户部獲從諸司視篆官後過湖磨勘自八月至十月始訖事凡過湖必出自太平門命舟而行可七八里許一望渺漫光映上下微風播揚文漪聿興蕩漾於烟波之上莫不氣舒襟豁情暢神爽見之者若遊歷焉余門立舟首四顧其嵳峩霄漢之表王氣掩葱而峙乎東南者鍾山也疊連如屏如幃在西北者幕府山也巒嶺偃蹇盤伏於地而松森其上者覆

舟山也挺拔而凸出城頭殿閣參差浮屠聳
空者雞鳴山也山東西一帶列如懸榜者世
傳臺城也峻嶒冒水而出者島嶼也傍視三
法司公所隱隱錯落雲水之湄重崗疊阜遥
遶於其外翔然而鸞鳳峙騰然而蛟龍走矣
其中遠近芳洲相聚如五星紅紫烟花畢絢
如四錦鷗鷺鳧鴻載飛載鳴鰷鱗鰋鯉以潛
以泳則已目飫而心怡矣一日欻風暴作洪
濤春撞篙人惶懼挐舟艤岸而行經敗荷間
香氣衛襲人浮藻亂荇牽舟叕拆已乃引入

曲渚兩岸沓蔚無可登者須臾抵小陂遂捨
舟以陟馬命隷前芟荆分莽排霧穿雲逡巡而
進見敗礎頹垣廢址意前朝遺踪可令人慨
嘆而叢林蒙翳追探前路尚窒衆亦憊焉或
藉草坐跗息少憩復進望一高丘隷指曰
此相傳郭僊墩也衆徂狀以上四圍樹林蔽
目復下故道向新建倉庫過石橋延竹共上
覩望雲水茫茫清飈颯颯遂相與攜手入舊
庫之洲躡齊而升玄武廳則黃門趙君惟賢
已先渡見余輩勞態殊訝既而聞述所遇則

又曰是何奇也予來斯幾所往返矣而未有
若諸君所遇若乃山餅炙酌泉飲啖之衆亦
相與慰籍以爲非因風之故則誰使之一探
此奇哉凡丞其地者各理公事以月暮而歸
同是日光射水曉霞相蕩四視湖上諸宇在
於蒼烟杳靄間不啻蓬萊閬苑然豈不信爲
勝地哉昔歐陽文忠公以金陵錢塘物盛人
衆爲一都會兼有山川之美蓋錢塘莫美於
西湖金陵莫美於後湖固遊冶之所趨也我
皇祖奮出江表鑒前朝淪國之故乃建庫若干

楹收天下版籍于兹餘馬設科部官各一人專司之著爲厲禁自部長暨群寮非有公遣不得時至則凡他好遊者雖極幽遐瑰瑋之所無弗可及獨於此不能廁足焉而吾儕今獲因公而至而又採奇於無心之會抑豈非至幸哉事竣衆各爲詩以舒情紀勝宗道因爲記以書其事云

重脩湖口檢閱廳記　趙官 合州人南京戶科給事中

南京太平門外有水浩淼泓澄而滙于鍾山之陰者後湖也湖之東南涯去城關可半里

是爲湖口濟渡之處有檢閲廳焉廳以檢閲名所以遵
國禁也舊例每五日一次過湖則司湖事者晨起陟廳上檢閲官生吏隸匠役若兩京十三省之預版者稽其文移錄其姓氏按其奸僞嚴其關防候内監之鎖鑰至而放舟以入焉暮還復鎖其舟故杜觖覦之加封識焉然後歸是廳雖甚小而所係甚大不可無焉者也廳之制歲久圮壞且燬正德壬申冬因借户曹張君濟寛　奏其事

上命南京工部爲後湖之時大司空德興孫公以委營繕主政李君一清董其役經始于次歲夏季之巳亥不越月厥功以成視舊之規制不加增損而輪奐一新焉可謂完矣然則後湖根本重地而此則其門户也可無一言以識之乎仰惟

聖宗藏冊後湖法令嚴密不容人之窺伺所以重民數息民爭維持天下之心而保

皇明億萬載無疆之業其慮至深遠矣故湖曰禁湖地曰禁地例必曰禁例而船必曰禁船

以至樵採漁牧之有罰廵視守護之有人而
攙越湖者必以重治人之望之凛然知所畏
憚而毋敢有輕玩者焉嗚呼禁令之嚴如此
凡我同事之人共可苟焉而不加之意乎夫
出禁令者
君也奉
君之禁而罔敢假逸者臣也若苟焉而不加之
意則失臣之職矣官寔非才而濫司是事毋
惴惴焉既與備事者更相規戒𢥠𢥠以共厥
職又勤石廳左以誌不忘因以識歲月云

神祠記　彭汝寔

玄武湖西有神祠祠有方臺縱横可丈許
相傳爲洪武間都城耆民茅姓者獻策出
上意表　上甚奇之遂用其言冊庫皆東西向日
朝出冊暴東影日夕入冊暴西影萬世利也
已而作窖築其人於中予嘗駭斯聞而疑之
斯策也其果良乎無也良矣而不用已誤用
矣而不賞已薄用其言而築其身是可疑也
聖祖求言如渴報言不留附安姚仲實不異斯

老也彼被大賞及其子若孫
大誥之書所載王本道宥至三犯而後殺斯人
者不賞矣不可宥耶是可疑也或者
曰祖嘉其人遂以湖工委之其人死事茲土因
葬於湖或有他塚宜亦有之苟以是為茅塚
是報也非築也為報而不一題其主以不泯
其姓氏但曰土神云者予故疑是非茅塚也
嘉靖甲申秋予承乏湖州時惟天下版籍於
歘之日方大有事於清丈二百丁亥作洲臺

[illegible]久爲慈木所貫而去[illegible]寡王一碑[illegible]
[illegible]撰視而莫之敢葺者久矣予惟神爲湖之
不然自庇而以庇人未矣於人爲不報於神
爲不昌予其葺之或曰神慕也無敢豈者予
不虞防墓乎子其柰何予曰非墓也固宜葺
也信墓耶尤宜葺也以爲祭報可也以爲淹
骼可也予其葺之時方秋零乃命執事者方
塋長鋸循其穿穴者而漸次除去他無所見
惟枯根數拔乃一土丘目舊臺抵平而方下

湖志　卷之二　四

有梯上有檻以憑以升以眺湖中一覽可望
或曰墩湖臺臺者理或非耶然曰塚不墳而
方不處而梯始于圖已疑之已
芸祖凡述佚之地必聚土爲方臺以依五土之
神此豈聚土以依湖神耶苟以依神梯可微
也是日仍聚土甃石爲方臺如初噫百年之
誣庶其辯矣乎遂書臺上以告來者云

祖洲

初始爲禁地以貯天下民數非六部[illegible]

聖祖規模弘深者如此是洲建庫最先自洪武十四年始大造今百五十年凡建庫一十二連始𥁞其地云

僊壁洲

洲與龍引俱自西發龍引南折而東最長如人偃掌洲則東折而南稍短三分之一如掌有巨擘環抱相向云

龍引洲

祖洲之南舊有龍潭禱者輒應是洲自西而

南南折而東蜿蜒六七里空有伸縮偃仰之
狀云

陵趾洲

洲在湖東　陵在洲東自祖洲涯望
皇陵正出洲上而洲爲山麓若趾焉長發其祥
是足占矣

蓮蕚洲

引洲走其前壁洲走廿六北皆環曲有情兩洲
也西南有中嘴與方[illegible]祖洲洲並

當南北之中四無根着處中望之真如齊去生水上殆天巧也

太平洲

俗呼爲將軍洲豈以其爲湖門耶然憑湖新矣洲在陵之西南去太平門數里許城上一可見然亦砥平方正不如他洲之圓長偃仄也

郭公閣

世傳爲晉郭璞塚東晉都建康正斯地也業精地理書豈眢盤桃其上耶必以爲郭璞塚

未可知也岡最高登之可眺遠他洲皆沙土惟岡土獨黄嘉靖甲申冬具奏建 聖諭亭其上云

龍津

舊有祠可禱湖中惟津下深不可測誌載有黑龍起其中而祠廢久不可踪跡矣

翠虹堤

堤長二百餘尺卧引擘二洲之西夾以蒲蓮渝柳翠色可愛隱隱一長虹也

芳裕

橋在翠虹堤中

鶴橋

橋在蓮蕚洲

飛雲汀

湖西空濶爲小汀一片如過空之雲湖水動瀲灧晝不可言矣

聚凫汀

小洲相集如羣凫然

伴星汀

湖心有汀明淨可愛如小星隨月云

湖有六洲大小頗相若每吏人巡邏及新舊
交質之名以相則實歟事也仝承之後湖遂
各題以佳名或是舊洲或以其爲祖洲仍而
以舊洲爲祖洲則以志
祖以遠之意此之蹟十字河以其意且遠
於來而十洲記亦以第一洲爲祖洲焉夫
祖洲計之大約百五十年餘始謂則六洲
歷千載而小汀之漸生者又不可勝則我
[illegible]之歷圖甫書矣是[illegible]

祭文

冊庫神文

翰林院

勑撰

維弘治幾年歲次某甲子某月朔某日

皇帝遣某官致祭于

南京後湖冊庫之神曰惟茲冊庫建於後湖

民數登藏實

國重務

神典斯土默佑清吉時維仲秋祗脩常祀

用答
神休益期利濟尚享
工部開荒破土告神文
維嘉靖幾年歲次某甲子某月朔某日南京
工部尚書某侍郎某謹以牲醴致祭于
司工之神曰茲者祗奉
欽命起蓋册庫三十間擇於是日興工謹用祭
告惟
神其相之謹

歷代

詩類

晉

金陵阻風雪書寄楊江寧

陶潛　字淵明　晉處士　號靖節先生

潮水定可信天風難與期清晨西北轉薄暮東南吹以此難挂席洄沿頗淹遲使索金陵書又叨賢宰知絃歌止過客惠化聞京師海月破圜景菰蔣生淥池昨日北湖花初開未

滿枝今看白門柳夾道垂青絲歲物忽如此
我來復幾時紛紛江上雪草草客中悲明發
板橋浦空吟謝朓詩

劉宋

從上樂遊苑中觀北湖收田勤苦應詔

元嘉十年

顔延之字延年江左人官金紫光禄大夫

周御窮轍跡夏載歷山川蓄軫豈明懋善遊
皆聖僊帝暉膺順動淸蹕巡廣廛樓觀眺丱

新金駕映松山飛奔互流綴緹轂代迴環洲
行埒浮景爭光溢中天開冬眷祖物感懌烝
化先陽陸開精氣陰谷曳寒煙攢素既許謂
積翠亦葱仟息繁濔嘉歲迴急戒無年溢滋
浹輿隸和惠肩後遊觀風久可作陳詩愧未
研疲弱謝凌遽取類非經率

唐

北湖　　張九齡 字子壽韶州人中書令謚文獻

南國更數世北湖方十洲天清華林苑日晏
景陽樓幕下迴僚騎遊傍肆綵游烏鷺喧鳳
管荷芙鬭龍舟七子陪詩賦千人和棹謳應
言在鎬樂不讓横汾秋風俗因紆慢江山成
易由馳王信不武孫叔是無謀佳氣日將歇
霸功誰與儕桑田東海變麋鹿姑蘇遊否運
爭三國康時劣九州山蜒慕州在館賞豫
留水旋還相閱萎歌亦故迴雄圖不足問時
想是風流

春日陪楊江寧及諸官宴北湖感古作

李白 字太白號謫仙蜀人 天寶初供奉翰林

昔聞顔光祿攀龍宴京湖樓船入天鏡帳殿開雲衢君王歌大風如樂豐沛都延年獻佳作邈與詩人俱我來不及此獨立鍾山孤楊宰穆清風芳聲騰海隅英僚滿四座粲若瓊林數鷁首弄倒景蛾眉綴明珠新絃採梨園古舞嬌吳歈曲度繞雲漢聽者皆歡娛雞棲何嘈嘈沿月沸笙竽古之帝宮苑今乃人樵

後湖

蘇感此勸一觴願君還復瓢壺空榮盛當作樂無

令後賢吁

金陵

地擁金陵勢城迴江水流當時百萬户夾道

起朱樓亡國生春草王公沒古丘空餘後湖

月波上對江州

遊金陵贈同旅

朝登北湖亭遥望尾屋山天清白露下始覺

秋風還遊子託主人仰觀眉睫間日色送飛

三

鴻邈然不可攀長吁相勸勉何事來吴闕有貞義女振窮溧水灣清光了在目白日如披顏高墳五六墩崒兀栖猛虎遺跡翳九泉芳名動千古子胥昔乞食此女傾壺漿運開展宿憤入楚鞭平王凛冽天地間聞名若懷霜壯夫或未達十步九太行與君拂衣去萬里同翱翔

題玄武師屋壁

杜甫 字子美，襄陽人，工部員外郎

何年顧虎頭滿壁畫瀛洲赤日石林氣青天
江水流錫飛常近鶴杯度不驚鷗似得廬山
路真隨惠遠遊

玄武湖　　李商隱字義山號玉溪子懷州人吏部員外郎

玄武湖中玉漏催雞鳴埭口繡襦迴誰言瓊
樹朝朝見不及金蓮步步來

陳宮

玄武開新苑龍舟燕幸頻渚蓮參法駕沙鳥

佗勾陳壽獻金莖露歆翻玉樹塵夜來江令
醉別詔宿臨春

秋夕游練湖有感

許渾 字用晦潤州丹陽人郢州刺史

西風渺渺月連天同醉蘭舟未十年鵩鳥賦
成人已歿蒹葭詩在世空傳榮枯盡寄浮雲
外哀樂猶驚逝水前日暮長堤更回首一聲

隣省舊山川

五代

後湖

朱存 金陵人

鼙鼓火翻旗三異翩翩試水師驚起黑龍眠不得狂風猛雨不多時

宋

同王勝之遊蔣山

蘇軾 字子瞻號東坡居士眉山人元祐中除翰林學士諡文忠公

到郡席不暖居民空惘然好山無十里遺恨恐他年欲款南朝寺同登北郭船朱門收盡

戟糾宇出青蓮夾道蒼髯古迎人翠麓偏迢
腰蟠故國鳥瓜寄層巔竹杪飛華屋松根泣
細泉峯多巧障日江遠欲浮天略彴橫秋水
浮屠插暮煙歸來踏人影雲細月娟娟

和

王安石

金陵限南北形埶豈其然楚役六千里陳亡
三百年江山空幕府風月自能船主送悲涼
岸妃埋想故蓮臺傾鳳久去城踞虎爭偏司

馬壖廟城獨龍層塔巔森竦五顆木寥淺一人泉梲杖窮詩嶺藍輿罷半天朱門圖綠水碧飛第青煙墨客真能賦留詩野竹娟

憶金陵

覆舟山下龍光寺玄武湖畔五龍堂想見舊時遊歷處煙雲渺渺水茫茫

後湖晚出

陳師道字無己號后山彭城人建中靖國初爲正字

水淨偏明眼城荒可當山青林無盡意白鳥

有餘閒身致江湖上名成伯季間只隱鷗鷺

盡坐待暮鴉還

放生池

王十朋 [illegible]人 太[illegible]士

畏死貪生物我同仁心發作憤而兄江湖魚

鱉知多少盡在恩波浩渺中

郭璞墓

劉克莊 [illegible]後村莆 [illegible]撰

先生精數學十九未應疎因捋虎鬚死還尋

魚腹居如何師鬼谷抑去交歟存此理憑誰詰人方實筆書

北湖懷古

馬之純 [illegible]

萬頃宜其茫水拍隄當時於此習舟師長江天險雖堪恃鬭艦人誅可易施決使黑龍離舊窟且教玄武入新詞如何入作遊觀景時節未遊看水嬉

玄武湖

黄公度 莆田人翰林學士

玄武湖中春草生依稀想見竹籬城後來萬堞如雲起方恨圖王事不成

又　前人

萬騎連山噪虎熊千艘激浪泣魚龍纔邊陵谷有如此應笑銅駝無定蹤

又　曾極

當日湖光徹鏡心龍旗鳳吹此登臨而今鐵
馬迴旋地斜照黃塵一尺深

皇明

古風

過玄武湖

儲巏　泰州人南京
儲巏　戶部左侍郎

北山飛聲凝吾杯舟人舉棹相徘徊城隅換
船跡氷入船底軋軋鬧春雷霜風吹衣衣欲
裂湖天泱漭凝飛雪司空勸飲久卽酬始覺

微闢生類熱中流咫尺水盡開沙翕水鳥忘
鶩衍新洲昨夜梅花發憐香偏逐詩人來灕
波翕鵰歲翕被樹府圖書真得地都笑笑就
建此都只將山水供遊戲
鍾山龍蟠幾百里下有　龍宫藏斂嚴山中
老樹盡成龍夜夜飛來飲湖水湖波只與銀
河通背城一派垂晴虹棲梯高寒石梁迥十
洲三島蓬萊宫長堤隱隱湖心路堤上行人
日來去春風楊柳夏夫渠換盡年光顏色故

世間萬事如雲煙湖光山綠直依然不及湖
中魚與鳥涵泳
恩波今百年

和

張瑬 滁州人忝贊機務南京兵部尚書

玄武湖前同泛盃司徒司空各徘徊詩腸涸
泪元氣壯得酒似聞殷其雷一聲長嘯山石
裂綺語散空洒晴雪但疑落井生眼花豈辭
仰天諄耳熱湖中舉棹圖畫開居人見慣行

人兵[illegible]為使蓬壺不在世此間那得神僊來衡雲坐擁青綾被飯飽谷山洞根本地神僊勝跡許誰共想象高唐聊自戲

湖心與圖幾萬里湖面衡各凡飛賜鍐經營王事得奇觀暫向稱冊弄雲水洪濤巨浸海眼適長堤蜿蜒如渴虹圖書說有神物護月明照見驪龍宮瀛洲不斷衣冠路十日循環來復去乘槎自昔有僊緣世人那復知其故曬冊諸人謹變烟濕薪破竈午初然覘模番

統非今日仰首

軒皇鑄鼎年

和

楊廉

群公湖上欣持杯此會難再須徘徊百年籍

册比銅版縣傳宰臣從湖有銅版不得沒實

祖皇嚴令如春雷就中半字誰敢裂究抑叩之

自能雷環以波光木氣寒六月冰知有炎熱

千櫺萬牖諸庫開我初見之猶疑猜承平戶

石轉增益但覩萬國梯航來救
聲教皆漸被周禮司徒掌與地示來時何
鏗鏘剩有高才敵賞識
中洲去岸六七里猶憶宿湖宵拽履畫船上
鎖金鑰收極目惟看渺瀰水一來五日耗不
通紗窗夜夜明晴虹神清不寐歌達旦餘音
下撼鮫龍宮廿年不到湖上路回首光陰如
箭去澄波照影衰鬢蓬自然容煩已非故沿
堤高柳仍含烟鍾山一幅舉畫然無端往事

不可問惟有景物如當年

湖亭晚興

童槩（會稽人監察御史）

南𦶜滿虛牖皓月明前除蕭蕭楊柳林湛湛
蛟龍陂耕鑿與民數黨靡靡皆數居勞勞
王事客了了公事餘興集還神白適野趣問樵漁
達人悟玄妙豈以形迹拘俯仰天地寬兀然
傾一壺

次韻王侍御湖齋夜坐見寄

趙官

淸時重民數褒守爭鬪息惠此中國人安居而粒食規模獨宏遠法禁更嚴密戶口無僞增編造皆核實萬年不磨滅一字誰敢易琛藏發光中世比金與石我來此二載湖書嗟未飾喜同王碧峯擢手道今昔君誠鳴世英良會寧易得對榭坐更殘湖心月沉白

五言律詩

湖中閒詠

蔣欽 常熟人 監察御史

湖雲行忽恍，親舍邈江東。水落仍遮月，苑深還耐風。宦途三載外，僊徑十洲中。鴈鶩鳴何切，霞銷見湖空。

榮湖剛起早，紅日埒升東。堤迴入碑影，門開雨后風。雲容濃淡處，山色有無中。步上層臺望，秋光萬里空。

和

呂盛 進士人南京戶部郎中

公餘偶乘興觀物過橋東竹葉含秋露蘆花散曉風山居湖水裏人在畫圖中翹首斜陽下雲開天正空

郭璞墩懷古

鄒暘

迴遺逕尺漫中空之有崇岡義欲摧咒逆才非歟智囊堂前烟鎖草物外雨欺棠千古英雄

根還知耿不亡

別島

左唐 揚州人南京戶部主事

扁舟臨別岸景物亦奇哉野樹閒生長沙鷗

信往來水浮塵世隔天遠畫圖開我欲爲招

隱何人愛草萊

魚浦

吳宗周

爲愛滄洲趣溶溶水拍入網花如有約風月

潤無遐幽鳥能馴棹遊鱗或躍淵捕求[illegible]
明主禁誰復欲投筌

同裔戶曹聯句

李熙 上元人監察御史

片雨孤城黑三洲一水通竹深喧宿鳥天遠
斷歸鴻
縹渺心逸遁鍾山氣鬱葱雲程須共勉莫遣鬢
如蓬
簿書偶成暇緩步小橋東袖拂蘆花雪提翻

落葉風觀魚臨水次訪古過林中回首斜陽
外孤鴻自遠空

湖上

陸禮　無錫人南京戶部主事

泠落西風外微茫水國遥斷雲寒不雨孤釁
濕無烟樹暝投歸鳥湖深絶去船塵心此消
釋試學静中禪

七言絶句

郭璞墓

吴綬 [illegible]

波心孤塚草芊綿猶占無名土一拳風水從

令歸妙術先知何不保生前

黒龍潭

靈物蜿蜒幻水容水腥猶帶濕雲封憑誰喚

起爲霖雨莫護明珠作卧龍

後湖

朱播 合州人南京戶部主事

王者從來重所天六朝無計置民編後湖藏

冊高千古永保
皇圖億萬年

七言律詩

玄武湖

薛瑄 蒲州人禮部左侍郎 王兼大學士謚文清

北湖清濁自天開勢協龍圖一水來百里烟
霞環島嶼繞城波浪動樓臺九霄氣逈通銀
漢五夜天低轉斗魁絕勝蓬萊山下水洪源
終古不塵埃

湖中即事

張賁 成都人南京戶部郎中

玄武湖頭好放船春風幾度宿湖邊燒殘竹矩交三鼓讀罷南華第二篇孤枕夢中家渺渺寒梅枝上月娟娟晚來凝望多詩思獨對鍾山雪滿巔

和 楊廉

五日蕭然鎖禁船湖光萬頃渺無邊条頭公

事惟陳紙物外詩情亦短篇山色連城浮紫翠水華隔浦鬭嬋娟塵埃不到中洲地人在蓬壺最上巔

廖漢武昌人

遠水村居不見船太平人住禁湖邊風光有限家千里景色無端詩一篇畫舫迎風分藻瀵鏂山邀月映波娟宦途何幸逢佳事木翻源頭山到巔

陸昆潮州人監察御史

楊柳堤頭漫放船擬將南望幸無邊好山遥近開圖畫陳迹荒凉烟靄靄暗色遥連雲漠漠波光常映月娟娟幾多公事湖中了身在蓬萊閬苑巔

張杞　浯州人南京户部主事

聯巒城南却上船一湖風景入吟邊好懷有酒皆千日漫興無詩不百篇充棟圖書誠浩瀚透窗新月正嬋娟勞勞小慙無補功業誰先到絶巔

喬琰 雲南臨安人南京戶部主事

垂柳陰陰十二船碧天無際水無邊石頭城
古饒形勝鬱蔥背洲長富簡編仕路幾年人聚
紫乾坤千古月嬋娟相期不負清朝託壯志
崢嶸太華巔

李恩 達州人監察御史

聯開金鑰上湖船不色山光遶四邊一統華
夷弘大業萬方版籍富遮篇龍淵激漾晴空
碧鴈搭烟聯夜月山堤偕闌干欄首望五雲

[illegible]

[illegible]翠微巔

湖中書事

王璟 建水人 監察御史

玄武湖遊遊紫舸樂遊歌舞樂堯天尋詩自
溪今蕉古對酒誰分聖與賢風帶水聲來枕
上雲連花色過檻前太平有象慙無補報
[illegible]有心日日[illegible]

雨中過湖

陳大中 蘄州人 南京戶部主事

霧雨霏微過後湖水天聊爾樂真吾鵝黃柳

色勻仍淡螺黛山光遠却無性裏鳶魚飛躍

處個中人物笑談圖傳桃歷歷瞻民數稽顙

詢皇仰

謨

公餘散步

張鳴鳳 宜興人監 祭酒史

湖府當中水繞迴內宮僉鑰許誰開山光含

翠清舒卷鷗鳥忘機任往來民數登藏天共

久

聖謨丕顯日昭回幸際詩俊叨同舟臣濟慚無

補袞才

壬申秋南京諸户曹過後湖公事

楊亘 建陽人南京户部郎中

一棹凉風入後湖逼人詩景未應孤黄蘆宿

霧連群島碧樹晴雲隔九衢寰宇版圖

今代盛

皇家制度古来製兹行已愜平生願公暇何妨

倒玉壺

和

呂盛

侵曉樓船入禁湖，楚天寥廓鴈聲孤。敢將佳句酬黃菊，濫逐清班下紫衢。水落寒潭群石出，風来別渚一塵無。公餘緩步斜陽下，疑踏神僊碧玉壺。

陳恩（東莞人，南京户部郎中）

自有乾坤有此湖，幾人謀國見忠孤。一朝盡掃腥羶穢，萬姓咸歸坦蕩衢。憑式樂聞宗族籍，叢玄羞覩事虛無。小臣何幸逢崇盛，感激

狂歌載擊壺

馬文 湖州人南京戶部郎中

櫂歌將白水平湖歸鴈追群勢不孤一道木
橋橫別島萬年敵藪淵迴衝波光浴月開還
闘樹色迷煙淡若無地主相攜同看勝槩渾如
寒露置氷壺

楊捷 潞州人南京戶部郎中

秣陵自昔重斯湖景物宜人未可孤十頃秋
光分地脉五洲倒色接天衢門前貢版呈華
筵座上麝詩俗客無萬斛陳叢成一洗何須

海上問方壺　張愈嚴（通州人，南京户部主事）

南畿勝地說玄湖，民數登藏信不孤。四面還巡照大禁，中洲守護絶通衢。纔惟細檢方能盡，弊待精研庶得無。滦曠是憂心未歇，泛舟恍似在冰壺。

後湖管册黄門惟將侍御世衙張户部濟寛與有兩科場犀之雅念别來勞於清理輒寄小詩道意　吳一鵬（長洲人，南京國子監祭酒）

諸生分館儼成行冊籍紛然校勘忙日共虀
鹽官亦冷夜無燈燭漏偏長湖明最愛山如
畫地濕應防雨作殃料得公餘酬倡富吟哦
聲裡正連床

春日遣六館諸生查冊後湖勉之以詩

圖籍承傳歲月深後湖臺榭鎖春陰賢勞莫
起詩人嘆邦本當知
聖祖心水次流光共檢閱民間宿弊在搜尋吾
言用致惓惓意朝夕聊爲座右箴

過後湖

許宗道

玄武湖寛一鑑開塵寰須信有蓬萊雙雙白鳥銜洲去隠隠青峯入座來醉眼路迷盤島嶼波心影蘸動樓臺九州圖籍歸
天府萬載珍藏亦富哉

即事

王松 臨清人監察御史

山遶平湖水遶洲珍藏只數出
神謀版圖盡向當時定夷夏同歸此處收地辟
但教烟霧鎖天空惟放羽翰長幾番穩坐扁

舟過彷彿乘槎入斗牛

送趙給諫先生過湖清冊

汪偉（國子監司業，廣信人，南京）

湖中冊府似瀛艖而面晨㘭夕照多雲水壁環烟火隅嵌圖金鑄鬼神呵身登鰲背人瞻望手把蜖頭自勘磨獨有東山作岑叔支頤時作短長哦

王一議（工科給事中，潯州人，南京）

民數登藏屬九州堂堂冊府萬年猷屛開嵐影三千嶂鰲駕烟光四五洲畫舫時過龍窟

外典官近出鳳池頭東湣誌就
皇家範從此南都美不休

宿湖有感　　許洪宥潮州人監察御史

水作金湯柳作衙清波隔斷世途賖
皇明有道期千歲幽島承圖足萬車花鳥謾供
僛載客烟霞不須鈎魚膾公餘散步閒回首
肯信神僊別有家

過湖偶題　　葉濟龍泉人南京兵科給事中

誰向玄湖鑿此源上通龍窟下通泉鰲浮岫
峙如山穩天轉波涵似鏡妍研府無涯窺歲
月官舟有岸泊雲烟公餘不問當年事坐對
鍾巔獨悄然

天澤備員工部負有事於後湖距今已
十又二年矣追憶有作

徐天澤餘姚人南京工部郎

憶自當年泛渺漫扁舟一葉鏡光寒千年王
氣蛤無際萬國圖書示不刊蹤跡空餘鴻指
爪經營曾竭寸心丹芳洲咫尺僊凡別似隔

迴風欲到難

宿湖偶成

高公甲 内江人南京户部員外郎

五里湖光一葉舟飄然送我過瀛洲萬年版籍於斯在四海圖輿盡此收鍾頂王衡清電徹令陵黄瑩紫雲浮卽[illegible]

聖祖神謀遠後樂常先人下憂

至日過湖得首二句偶介而檢匡韻因續之

陸禮

冬至來登湖上舟蕭蕭風物動皇洲梅花潤
煖泉將發葭管灰飛冷欲收樹鎖寒烟佳氣
合煙籠曉日瑞光浮萬邦民數陽和裏
當宁今無南顧憂

秋湖一首

彭汝寔嘉定州人南京吏科給事中

秋湖拍拍比春湖消得秋光轉畫圖霜後丹
楓紛點綴晚来白鴈未招呼最便支隱浮華
遠獨抱時艱意念孤

天府有藏雲物護迂疎真愧賦西都

湖亭二首

湖亭結處費板躋湖上飛雲直與齊虛閣不爲星下上歸鴻無定月高低六朝此地窮歌舞昭代何人爲品題佳氣鬱葱陵樹合夜深芳彩護玳璆

天府圖書瑣碧涔嵐光烟霧護森陰山藏佳麗環陵趾洲湧危巒出水心善地百年民敬畏金湖千雉渚蓮深飛渚自信看　王化作冰寒淵鳥構林

記後湖并序　[illegible]

正德甲戌余蒞[illegible]之職[illegible]月

京師兩越月蒙

聖恩擢為南京戶部主事專[illegible]例不旬日又

奉本部劉侍郎協黃門趙君偕管理版籍

於後湖於是登湖舫行五里許踏民數堂

同校勘由堂之背而西行則為度閣所屋

宇鱗〻截然齊整既而守者啓鎖鑰乃因

得而遍覽其中始知

國家一統之盛人物生齒之繁與我

太祖之規模劍制宏遠用密皆得悉焉談志湖之來舊矣鍾山峙其東而雞鳴覆舟諸峰環擁南北泉之匯瀦而為湖昔稱佳麗是當緬焉者也我
太祖定鼎金陵之後既考天下之圖矣乃相方度土即湖之中洲建庋閣數百楹使天下頁版而至者悉於此而登藏焉潛惟
聖慮當謂湖為勝地所以啓侈麗之觀而門靡漫之樂者固在茲也因即而用之使萬世名之曰此天下圖籍府也賦稅之盛我

太祖勸學締造之勤生齒之繁我
太祖容養生息之力則夫
列聖相承思所以承繼
祖德而軫念元元自有不可過者矣希英既挹
湖之勝因仰思
聖祖遺謀之深遂拜手稽首以書

胡塵汛掃八方清
王業曾來此地行不作神山遺嗣主深藏圖
籍重吞生鱗々度閑知繁庶湫々湖波識
聖明尚望鍾山玄德遠只將匪懈答昇平

九月十一日後湖宴上奉答司勳皇甫白泉見贈詩兼呈同事諸君

王廷幹字國人南京戶部員外

高皇方息戰於此瀦湖日月光玄覽乾坤啓府藏萬年儲爲貢九譚献周圖版籍封疆遠絲綸詔命敷分方詳後參奏計藏先駙户口應前代風烟入舊都上林花正滿汀芷多且花殊秋興感黃菊謠懷詠綠蘋水寒天映濶木落鴈飛孫波靜星文徹向中盤吳興儀之三秋日舟楫兩岸蒼葭觀鳴鳳傍池想躍龍

遊法駕嘗幽芑神河侶洛川館降金闕後渠逃
御溝前晉苑唐朝改秦圖漢宋屯山從雲裡見
水印鏡中旋青瑣承符重紫薇宵直映荷花
殘羽翰桂葉引爐烟舊典貽千代新洲紀千
年東南今草奏前日重民天
帝里天生水
王居右作城星辰朝北極闕背西京雅覽河
山列素華院宇清書疑芸閣杖前倡鳳樓榮
鳥憶當歌集魚如望幸迎亭花含霧色朝露
帶泉聲湛畔黄雲聚鍾陵紫氣盈北窓人五

夜南斗月三更瓊液沾恩渥孤松比節真閑
將民數界對草謁　承明
余先祖名達在　憲廟時歷戶曹專司
後湖敢有聲稱今榜禁湖上實其奏
前遺書後六十年孫廷鯀亦備此官過湖
感賦
封章傳是舊臣裁民籍王孫出武來古栢已
聞前代植封崇猶向此時開起看夜月寒蟬
集泣向秋風旅鴈哀不見門前湖上水年年
新雨長青苔

宿湖　　周冕 浙陽人監察御史

勝槩來天地神謀代所關圍收民志集山遠水雲環飛躍使魚鳥狹高遠世變微臣良自慚遺除獲躋攀

即事　　喬佑 洛陽人監察御史

盡日湖君靜客心小亭獨上樹森森苔痕草色含春意雲影天光散午陰護對琴尊看鶴

舞不妨風雨聽龍吟松濤平地應千尺徙倚
軒窗思轉深

湖上

沈澧 監察御史

昔年歌舞幾經秋勝地天留版籍收萬頃湖
光呈素練數聲黨語遶滄洲新荷出水差差
綠紫荇牽風細細柔竊禄自慚無補報壯懷
行處着閒愁

次韻

龔湜崇湖人監察御史

萬頃煙嵐障素秋朝暾久上未全收西湖安得成雙勝海外徒聞更十洲鸛鶴自便閒喉舞旋蘭堪佩益香柔美人不在兼葭外猶似張衡味四愁

湖亭獨坐

蒋汝安萬州人監察御史

日高風定小窗開湖色山光次第來雲裡城遥千雉堞林間塔盡九侯臺花環芳境供吟

桃舟鏁空亭禁從來塵慮盡消公事少不知
何處覓蓬萊

新洲偶雨　郭木 曲阜人 監察御史

旅鶴橋西花半開摘花遥上郭公臺水禽飛
浪野風急山色可人煙雨來列嶋春深鳩
語荒洲樹老不生杳詩成欲寫筆床到
何煩故故催

即事　朱𣙜 安福人 監察御史

玄湖如鏡倒沈天，百卉交加逐景妍。左右森齊擬繡畫，西南堞雉忱連旋。萬年王氣真堪壯，一統圖書自永延。可訛六朝無義辟，邦將楄地作遊畋。

宿湖即事

譚學 江西人監察御史

七月湖上宿，隔湖鎖禁航。更省人不到，偏覺夜深長。樹多兼風吼，雲飛趂鳥忙。高堂應念子，身在五雲旁。

後湖志　卷十一　十八

湖上行　傅鎮 同安人監察御史

金陵誰決天河水，瀉作玄湖數十里。青帝劈成十字洲，圖書秘在烟霞裡。尺地翻同紫禁嚴，人不得浮那得視。六朝失計總盤遊，照帝王議愛筆爾，豈知勝地各有需。聖祖貽謀遠如此，斷年王業自茲始。不見東南千峯萬峯相映紫。

宿湖　王獻之 永嘉人監察御史

芳洲宛尺穿玄湖四面環波護欣日坐令逕
地覽八極天開秘府勤千夫雷轟地湧煎迸
奮雨過仙瀛花木蘊隔岸紅塵米不來山
璧照搖相隱清明野墅烏哭悠香院空月樾
鹿遊萬里桑麻計劉綸數洲松柏自依秋
臬獻丕顯昭天漢黎獻共臣僉濟濟一點犀靈
魑魅藏萬丈虹光星斗貫丈夫奮足馳康莊
神州躍景翔文章洗心白水焚藜藿俯仰不
愧歌滄浪

春湖湧興

錢籍常熟人監察御史

重攜書劒過春湖花鳥迎人興不孤白鶴一雙清對舞緋桃幾樹錦平鋪尋詩別嶼多芳草衔酒虚亭有竹壺盡日遨遊殊未足只愁風雨惱狂夫

晚登天諦亭

曹逵常熟人南京刑科給事中

古阜頻登眺晚霞湖天項錦北京華千年王

氣歸

明代一統神謨屬

帝家春草秋花咸樂土躬霑雨露盡生涯小臣

何事愁民瘼惟有鄉山在蜀巴

杪夏遊湖

黃正色 無錫人監察御史

苦厭春花不耐看我来更喜綠陰圍芳洲暖

日猶啼鳥晴渚微風自薇蘭四海圖書紆

廟算萬邦休戚寄儒冠慚于漫對湖中酒誰爲

明廷策治安

春湖雜韻

陳塏 餘姚人南京吏科給事中

頫望禁湖春可憐東風聊為借因緣太平萬國同書會元氣千年日月偏島嶼平連瀛海窺鷗鳧占斷水雲天正堪吏隱容吾僻坐對虛無欲忘年

湖中秋夜

何彦 [redacted]順德人南京刑科給事中

玄湖藏錦府巨浸涵高城羣巒覺興碧落古溯
接廻潆
神謨良獨運規制自天成率土咸稱賦危天總
大明我來事緒閑遐奇勝遊情昨來晚秋霄久
偕步前極荒洲雲村暝絶谷幽禽鳴蹊離迴
烟火棲閑動寒星庭空孤鶴下露冷玄猿號
推楓撼清夢恍若居蓬瀛悠悠中夜心願
獻涓埃誠
聖明恤民瘼編籍常登瀛

皇圖億萬年應見泰階平

登天語和韻

何元述（晉江人，南京户部主事）

遥汎仄逕躡崇陵，烟靄微茫草樹青。天上絲綸瞻北極，民間幽稿仰新亭。射狐避野秋行鹿，奎壁懸湖夜彩星。回憶六朝尋往事，暮鐘初動日西冥。

秋日過湖

張梯（山西人，監察御史）

十里湖光一鑑開扁舟飄得此時來遶山霜
後多紅葉迎水風前尚綠苔晴色溟濛鍾阜
晴秋容寥落楚天開儘拋汀渚偷宜賞一段
清陰倚禁臺

湖居喜晴

陳常道光州人南京戶部主事

雨霽涼生三月秋戌戌衍霧曉來收四山晴
拱圍書府萬花雲連新柳洲鶴浴正便春水

况鶯聲偏惹恵風羕吏情懷與塵蹤遠徙倚
層軒一散愁

宿湖伍重五

史希淳宋渤人南京戸部主事

兀坐公除午憂彵龍舟深鎖寂無譁林重霧
隱青油幕荷動風傾碧玉盤始信鳥魚皆自
得猶憐山水向誰彈小擺不盡樽蒲酒獨酌
還須到夜闌

宿湖

蔣卿 山西人南京戶部主事

不到中洲已隔年重來風物尚依然葵榴照
眼分清暑鷗鷺忘機傍小船客夢夜深遙紫
塞齋心星散見青天叨陪俊逸供
事肯信雞鳴坐未眠

宿湖

周滿 四川人南京戶部主事

鍾山屯雲吳山雨石侖轟雷變紺宇玄武湖

前白浪翻飈風披拂圖書府落花飛絮可壺
何鳴嫣乳燕親如許潮濺魚龍海眼空夜深
界江村根語悠然隄屧見南山五洲煙靄春
千里蒼然鬱然亦可採飛者躍者妙斯理鎰
澂瀅浟有天霄草樹淡森紅葉吐千年
江氣此中含一代
衍峽良自取望中道天乾坤融許相宿剛虔俗
詩孔不飲溢吳飲貪吾渚此潮遠北上嗟嗟
於精無定期將理榮枯有眾幾人牛知幻過

□史立祐之陰不知午

宿湖

任佐山西人南京戶部主事

玄武湖來幾百春六朝歌舞已成塵天開一

代圖書府萬古華夷共

帝臣

湖中即事

黃宗器福建人南京戶部主事

拓悵形勝自

昊心前國圖書一鑑森玄武淵淵含沃潤鍾陵
淑氣破幽陰無獙禹服光天頌有象堯年擊
壤吟叨禄微臣何所祝嵩華增峙海增深

宿湖

鄭恭 　績溪人南京戶部主事

隔絶人寰地迴幽飛槎曾伴使星遊雲生潭
底龍湫暝月上林梢鶴唳秋四海圖書来輻
湊千年王氣與天浮虛傳方外神仙境元是
三山第一洲

螢花殿

陳文沛

青麓玄湖廢殿幽山毛水藻爲拙竹潤柔
到煙波靜茶灶停燒木葉鬧圖籍三年勞
帝室詩筒終日寄滄洲應惜壯志愛淚涌入
孤臣枕欲流

宿湖

馬練 瀟圻人南京户部郎中

覽籍懷佳勝啓鑰協沿越銀漢入湖平金旅
浮海嵐古洞呀谺絡老樹核巇嶮玉氣分翻

蜛波光映清襟天意有嶔奇
聖謨良與發郝笑放生池卄同飲馬窟地險非
無施入誅胡乃拙何如發繁尚悠然控窮髮
日縣圖書開俗遠塵氣絕乾坤識壯居魍魎
安敦穴浪跡旛才寇鶴借冢蓬闢偶亦有仙
緣況役值芳節天然落花明茰衛滃蕭絜松聲
顏野貧柳絮飛晴尘滸鳥沙雖親藥蘿翠可
結觸物思納存撫化慨生滅洗心萬里流高
祝八荒列昔聆滄浪濯今詳臨河說深詩碧

巫玕驚起烏龍吟樗蒲山風來吹我衣裾兮
縱步躡虛庭入道發丹訣説擬空中儀我毀
霞上月忽悄斷煙民豈使外慕學欲濟無去
舟曷從慰忡惙

宿湖

曾汝檀 福建人南京戶部主事

金陵華佳麗萬國來輿書藏春自天造
蟠玄湖我至值和煦柳色隨雲艦物華聯
身何必覓遂壺不慰風景澈所戀草木是

會一王極遠悵六朝墟行行月中宮望…

天之衢孔轍衛郊語既庶又加諧生機恒

凝雨露時沾濡湖光落晚照形影原相須

帝澤方日弘紫微鎮清都

宿湖　謝崑福建人南京户部主事

湖水春生浩蕩天晴沙圍白鷺鷗眠紅花蟻

㩳催啼鳥白日參寥樂棹船天地幾年供次

倒湖山此日且流連紫芝白石何地有欲問

仙翁恐未傳

湖上　李樂 湖廣人南京 兵部主事

煙霧蒼茫湖水平湖心浮嶼迴空明盤崖古
木亂相附幽徑青苔鶴自行遥日雲軒微滴
屋中天風篠落帶催映簾香篆多幽興信有
滄洲共吏情

宿湖　黄德紀 廣西人南京 户部主事

雲東亭畔鏡東峰湖大深處鎖塵蹤松蘿遥
燈清將滴烟霧浮空翠欲東水檻寒光遥日
月白潭佳氣護魚龍滄洲即在園中府自書
應使史隱悰

後湖即事　周逵 陝西人南京戶部員外

幾番湖上坐更殘雲樹蒼茫興未闌千頃波

濤鯨力闘數竿崖閣鶴聲歡凭凌頓覺胸襟

爽捻蒼髭從教眼界寬元是

聖朝圖籍府誰云俗客可遊觀

秋日湖上　鄭普 南京人 戶部主事

萬頃湖光波五洲瀰瀰滾滾與天浮城頭樹

色分仙島雲外鐘聲隔水樓漢種千年寒古

柏隋流終日擢金牛分明不遣塵蹤到恐被

閒人作興搜

宿湖　董漢儒孝感人南京戶部員外

禁地遺蹤登臨逸興饑烏争枝墜樹昏燕

水穿橋入夜千林寐思六百慮消隔窓見明

月起坐達良宵

夏月過湖　楊僑吳縣人南京□科給事中

六月湖心省署寒千章喬木碧雲端圖書羅

列聯星野

天語綍高懸舞鳳鸞吏隱不妨頻寄興僭才真愧

謾憑欄烟波渺渺荷花畔閑說蓬瀛此處看

過湖續夢　盧璧盱眙人南京戶部主事

水國微茫路不分紅香引入白雲深取還時
仙洲恍覺非人世民部無論有翰林日永放
衙看鶴舞雨餘憑檻聽龍吟平生剩有煙霞
癖宦海何當慰此心

嘉靖己亥臘月立春前二日余以攝篆冬
卿過湖閱工得茲勝覽聊成一律以紀歲月

費宷鉛山人南京禮部侍郎

春回歲晚梅花放日照江城樹影寒萬頃波
光天上坐四圍山色畫中看

禁垣白合無煙火僊島縹緲欲羽翰形勝有餘

鎮宗萬年創□總艱難

秋日過湖　萬虞愷 南昌人 兵科給事中

何人宛在水中洲此日蒹葭白露秋玄渚象
龍吹洞雨金陵樹樓閣壓江流
神劍秋纏神像府使節時乘李郭舟安得浮槎
通海外一從銀漢問牽牛

春湖晚步

散步湖天晚悠然生遠心堂隨江樹盡樂逐
湖雲深遊魚悅春水歸鳥喧林芳景依
入徘徊費苦吟

春日過湖偶作

雨餘新漲已平隄，春滿昆明望欲迷。楊柳夾烟連碧樹，桃花流水入青溪。幽尋獨傍黄鸝谷，緩步偏沾燕子泥。江國徒勞行役念，池塘芳草又萋萋。

秋日過湖

玄湖風雨正秋秋，深短竹槛移碧樹，林沙净鳥閑猶行得，水寒荷芰洲渚。於六朝歌舞空遺愛，一統圖書自古今。寂寞繁華不須問，傷深茨一登臨。

天語亭偶興

張詔 青河人 監察御史

雲亭空翠凌洲起樹遶峰環草逕微北望湖光連雉蝶南来山勢擁帡幪王言懸示爲今烈民數登藏自古稀傳與鳶魚任去住海天無際日暉暉

冬日值湖

張椿 山陰人 監察御史

金陵本佳麗風景屬玄湖天府神尭蹟車書

大禹謨萬邦歸統御千古重輿圖玉海魚龍
化瑤林草樹敷源通星宿派瀧遠
帝王都陵谷三山變樓臺六代殊明沙翔白鷺
積雨漲平蕪雞犬村前寂山城水外孤不因
皆到此應信世間無

春湖即事

浦之浩 山東人監察御史

閑行驚見野鷗飛桃李枝頭花未稀日暖遊
魚時物躍春深堤柳羨乎輝逐溪麋鹿尋芳

草傍水洲人濯故衣坐對鍾山看……

鷗鳥渾忘機

春日湖上寫真

林見素 番禺人何京 户部主事

衙府趴開圖籍廢久留形勝景偏幽殊明萬

瑩海生日紅發三更月波花絲伏氣橫輝璧

藻銀城露冷燦瑤華春晴人外水壺外絕勝

還題傑子家

湖上即事

湖上踏歌　　王廷翰溧陽人南京戶部員外

一水東蕪葭洲渚映三宮雨香帶日浮偃伏霧氣流雲裏古桐煙色別看三島外秋聲遠落花中忻遊聖代同書地前識前朝歌舞風

春湖即事　　唐世魁溧陽人南京戶部主事

面面湖天揚柳風雨餘春色送芳叢煙花不柰曉重翠鳥與紆迴淡欲空日月照回微

帝籍雲霞擁霧設龍官恢奇千載閟書府擬向
鍾陵問鎬豐

再宿湖即事

馬麟巴縣人南京户部主事

入夏重遊好風煙換渼陂橋通貫外仍鄉發
水中枝日氣浮城郭天河落洒危松杉與盛
荻都付凱風吹

宿湖

黄日敬莆田人南京户部主事

嘉靖乙巳余以清理冊籍宿直後湖因感

聖化久遂諧生民之繁衍且先大夫亦嘗有事

於此慨然興味情寄短章

萬方圖籍奠湖洲遺古經營仰

聖澤深厚生民今一統江山風物此

神州天文入夜聯奎壁使節經何駐斗牛身荷

國恩猶未報自慚何以繼先猷

冬湖即事

陳珪　廣東人南京戶部主事

島嶼縈廻翠幾重波心雲擁玉芙蓉九天
膚藻紅光煥萬國輿圖白日封秋老蒹葭呼鴈
鶩夜寒鐘鼓聽魚龍吏情誰謂滄洲遠妝餞
分明物外蹤

湖上寓直

路達 青陽人南京戶部主事

梭館孤吟自舉觴隨風村笛咽斜陽寒蓮落
盡一池碧晚菊猶舒半檻黃鶩影淡沉煙樹
遠山容濃抹畫圖長版書縱有逃亡屢示賴

行治只
君心照四方
直湖漫興
周文　宜賓人南京户部主事
五洲環抱自天開勝絶震湖紫氣催一統輿
圖歸秘藏萬年命脉重滋培碧潭魚躍占潮
候落日霞飛見鶩回方丈蓬壺渾忘却雞鳴
鍾阜兩崔嵬
秋直
牛恒　武功人南京户部主事

玄武湖光瀲洲島紛金佳氣鬱儲源地僻偏
覺遠應近入湖遊多爲驚嘆六代風流獻舞
盡勤什
天子版圖寄夜臾庭樹西風怨民瀉遐思逵
帝閼
同萬掌科過湖一律
奚世亮黃岡人南京戶部主事
玄武湖中數島開偏開幾度六遂萊碧波蕩
漾乾坤滄紫阜祥光泰華地尚代不刊圖籍

府有王曾是燕遊臺使君今昔先憂切雅志

殊懈獨比倫

南至一日宿湖上　陳慶江西永豐人南京戶科給事中

分垣今夕宿玄洲渺渺平湖瑞氣流四海封

疆歸一統萬年圖籍壯重樓巖更恐動魚龍

蕃倒影深涵草樹浮況是初陽來昨日坐看

雲物侶倮丘

湖亭雙鶴

湖亭雙鶴羽毛鮮對舞階除自歲年照水時

能慰幽島臨風似欲振長烟何不立向瑶池

上却乃艞栖湖省邉林端百鳥誰可比文鸞

神雀空後先素剏朱項江海外絶塵高潔咄

孰傳應知藉馭浮丘伯看爾翀飛到九天

雪日過湖二首

畫舫圖書府同雲雪滿湖凝華分玉樹飛影

落平蕪深澤魚潜穏堅氷鴈度孤田間占臘

兆豐讖可徵符

白下殘冬候堪輿屬掌書玄湖排凍入素雪

敞空虛函野歌春載漢年卜有初遺蝗千里

外應得盡消除

丙辰歲春日同舊給諫郭冠山戶曹過

湖

二月湖水平闗闗湖鳥鳴四山初雨霽雙舸

蕩風輕隱約魚龍動參差花栁明昔年青瑣

客今日共留京

仲春祀湖神

册湖祠廟主傳是國初人籌筭符

分帝英靈托後身雲光浮鼎鼎樹色映林[illegible]祀
典何年定樽罍薦仲春
雪中同視華峰黃教所二道長過湖
郭斗 雲南人南京戶科給事中
望中煙靄群峰合雪裏湖光二妙過彩鷁浚
移芳樹沚銀潢遥映碧山阿豈緣覽物来玄
境故遺乘槎出玊河未向十洲尋勝島由来
此地即僊艖
五月過湖

薰風拂面入玄湖五月冷然暑氣無白藕作
花香不斷青山迎棹景平鋪中央樓閣疑蓬
島隔岸煙雲似畫圖況是
聖朝藏籍地微臣何幸竊清虛

夏日過後湖志感

王學謨朝邑人南京戶部主事

玄湖一望風煙好沙岸行人樹裏過十里浮
光遥貝闕千年王氣控金波洲中龍馬負圖
少海上鯨鯢揚鬣多何幸

明王能假檝
皇圖一統聽漁歌

仲春過湖有述

慎蒙（浙江歸安人　監察御史）

景屬玄湖勝泉通金水遥職方傳古昔一統
是
今朝
天語申威肅紅塵隔水遥仰稽神禹蹟慮及萬
年饒

晚登　天語亭

六朝歌舞地陡倚獨含情縹緲山臨塹紆迴
水遶城秦淮春水漫梁苑暮雲平獨有湖邊
草年年春自生

夏四月二日余初直湖見芍藥紅白二
本一方苞一作開漫然賦此

周希哲 四川人南京户部主事

紅花白花連理枝兩藂相對交芬菲璃瑤片
片揚素眉珊瑚冉冉燃東籬劉郎天府湖水

涓幽清之地誰栽培葳蕤嫋娜繞陛縱東風不管花期遲江梅岸柳賞且乖天葩國色方擔蕾凭窓無酒醉西施倚檻徒誇如玉姿我來賤賞未開時二十五日顏色衰吁嗟惟不只騰枝見之不愛人不疑人生顯晦渾如此君不見芍藥花開花復凘

次湖亭登舟遇雨

劉鵬

蕭蕭亭樹傍城隈此日初登湖畔臺鼓棹方

看雲漸合憑倆忽報雨相催殘荷拂棹翩翩
動飛鶴迎舟冉冉来即此芳洲羡仙島更從
何處訪蓬萊

衙坐感陰雨賦此

湖上陰雲鎖不開芳洲十里絶纖埃浴凫映
水時時見落葉乘風陣陣来六代風流難領
畧一尊斟酌許徘徊更誰為挽江湖水净洗
妖氛海寇摧

喜晴

竟夕陰霾暗六洲侵晨星月怳雙眸射江日氣斜飛練入水山形遠倒樓隔檻有漁看浴鶴出門隨處見浮鷗輿圖正喜千年會直宿何辭五夜舟

宿湖有感　張循河南人監察御史

湖水浮秋入夜凉悲秋無賴夜偏長披圖秪羨江南郡藏富何輸海外航方策我能稽影射兵戈誰為紀瘠亡行須民牧均編户只恐重裁紙上桑

冊湖憶地震海嚳龔路崖道長韻

侯東萊 山東人監察御史

二月湖天景水凉貪春獨爲喜春長千條弱柳垂青岸一帶旌峯繞禁航秦晉無謀徹賦版東南每計惜流亡租綿日月閒征急秪見農夫苦樹桑

宿湖即事 馬麟 四川人南京戶部主事

萬頃圍孤島浮空浩淼間分流通御苑涵影倒鍾山書剎沾雲濕乾坤盡日閒扁舟忽無

湖上寫直一首

路迪 直隸人南京戶部主事

豪華六代夢中過
昭代圖書會禁河民賦廩倉供廪餼天裁景物
入詩歌昆明月浸廉纖浮鍾阜雲呑王氣多
却憶年荒邊患苦此來民數竟如何

過湖偶成

周山 常州人南京戶部主事

三秋百穀已穰穰風靜波恬千頃汪民數浩

縈歸芊容

望漠宏遠邁虞唐龍蟠虎踞天成險菱角荷

花水帶香政暇遍觀湖外趣金陵佳麗等

天長

湖上

廖世魁山西人南京户部主事

渺渺青溪上悠然戀物華暖烟浮日出新擲

帶風斜不見尋春侶虛乘招隱棹沉吟還自

酌倚檻月明沙

天藏亭古[illegible]

亭東古梅樹托根王砌臺雲霞連獨秀迥出
染塵埃馨香滿空庭仙侶時徘徊由來結子
調鼎實誤入詩人品題筆倒垂直突自奇觀
盤曲成陰不蔽川禁亭隔斷閑歌燕開花落
實誰能見不與桃李爭春顔長　綠潤絶霜
霞

廖廖石峯一首

魏濠 福建人南京戶部主事

曳優尋幽過竹西飛雲宿霧隱長堤前朝風
物成虛井

昭代輿圖在此谿樓影從遮山遠近湖光吞吐
　樹高低芙蓉開遍秋潭水采采歸來路欲迷
湖上奉迎游給舍蛟潭過直因别歸臺
署

張椿浙江人監察御史

浪靜龍潭清徹底開來有客到天台杖錢宿
約青雲侶何劉平湖白玉臺露重却憐荷葉
勁霜高剛對菊花開采風欲借仙槎去擬似
張騫海上回

醉湖曲二首

驟馬不停鞭苦厭風塵裏深山得醉眠上高
喚不起
五夜西風急寒江走沙石黑龍潭底鳴浪高
一千尺
恭覽冊府有感
何思贊廣東人南京戶部主事
聖祖開基振遠猷當年圖籍已先收承平共喜
國計優麟趾千年培芑澤輿圖萬國仰
民生盛貢賦咸忻
靈脩微臣宣達叨民部冊府遥沾滿十洲

春日湖上遇直次嚴潭王長卿韻

林晃 廣東人南京戶部主事

頻泛玄湖鷗鷺迎相看奇勝脫塵營奎光映

渚瑤

天府紫氣廻縈接海瀛校籍忍刊魚豕誤談經

方媿蠹魚名春來花鳥知多少幾欲開題思

未成

內庭冬同陳掌科秋正郎湖上

費增 江西人監察御史

天府圖書開別館入聞島嶼泛樓船同袍況復

黃門客對酌還憐粉署荷十里芳洲燈火閃
一雙白鶴羽毛翻此中合是胡麻飯道骨秋
層舊有緣

暮秋宿湖感興用嚴潭韻

張詔 山陳人 監察御史

客繫江亭苦自栽登高聊為送青來落雲汵
汵穿林過岸柳依依蕩槳開斜日遠湖歸鴈
影秋風急引肅條哀持節指點圖書府只恐
王章侵綠苔
秋荷零落禁湖東湖外青山遶玉宮鳧影瀲

波翻碧浪雁聲度嶺振蒼桐倚欄衡酌三杯外曲桃高眠一夢中自信此身皆樂地登高何必泣西風

觀芍藥二絶　黃朝聘廣陳人南京戶部主事

北亭舊藥鬪新粧争効深紅與淺黄只恐腰肢輕善舞終難解語動君王

夏月春歸四月天州英開落在尊前古今世况須臾事休把繁華問少年

邊樹依微入望窮山光縹渺帶殘虹六朝[illegible]
氣浮仙島四面祥煙繞禁宮樓臺隱映浮金
堞城郭參差落照中四首昔年歌舞地空餘
芳草對孤峰

宿湖和西涯學士韻

蔣春生 湖廣人南京戶部主事

地靈伸臂水中洲蕩漾乾坤合衆流玉籍崢
嶸羅秘府金烏出沒射危樓城闕弄影蒼龍
動嶽凌空紫氣浮院靜風和雙鶴舞人間

何處覓卅丘

宿湖和常軒韻

雲樹連湖望未窮春堤倒影卧長虹

帝城北枕滄溟綠

王氣南擁蓬萊宮版籍生香花暗透輿圖煥影

日當中暫分郎署吻從準獨坐高齋對紫峰

直湖漫興

涂麟戶部員外 南京人 號東

玄湖勝地自天開九曲縈迴斷俗埃歌舞昔

[redacted]

時代得神謀人因仙島憂還樂爲舜松去復
来安得木杯浮海外直從此去到蓬萊

秋暮宿湖

邵惟中雲南人監察御史

獨坐虛堂寂悠然物外心秋聲驚樹杪夜氣
薄衣衾耿耿不欲寐娟娟月華臨對此青衿
客揮我無弦琴塵氛頓遠隔幽景聊自吟盈
盈一水間十洲何處尋地靈愛清賞六朝空
蕩漾

聖人起江表貽謀良以深連雲備天庫環水爲

城闉輿圖歸鎖鑰萬架何森森江山大一統

絶勝誇古今神斧剪鴻基仙風浄瑶林樵採

不復近釣舫不敢侵魚龍沐恩波杞梓多重

陰仰思培植意千載歆

綸音

玄武湖　　周叙

帝京城北匯巨湖煙水茫茫入畫圖波浸日華

泙滉漾樹連雲氣接清虚飛棚玉照涵天鏡

光吐驪龍照夜珠不效昆明勞習戰□□□幽

勝侶蓬壺

陳叔紹

山勢周遭十里湖天開勝概壯
皇都畫船晴泛鷗波淨玉鏡秋涵兎鬼孤隔岸
泉源通太液中央擾閬類蓬壺隈避駐馬看
来久為愛澄清絶點汙

賀確

清波湛湛浸遥天不侶昆明習戰年楊柳綠
依官署發芙蓉紅遍禁城妍月明淚鶴翔孤
嶼雲黑潜龍出九淵何處深藏圖籍府蒲洲

芳樹護蒼煙

失記名

一派源源眞北方東風芳芷遠吹香光涵幕府山千疊色映官堤柳萬行淵底魚龍時變化鏡中鷗鷺自飛翔遥應御氣潛通處流出恩波萬里長

後湖行十首

喬世寧陝西人南京戶部主事

湖水遥遥御苑流青天倒映五城樓中林烟霧開三島何處神仙更十洲

湖上春雲接海雲湖峰海日晝氤氳玄精化
作龜蛇影紫氣紛飛龍虎文
六朝宮苑繞湖開玉樹金蓮歌舞來慈行精
盤花月夜五洲洲水自蓬萊
山似青龍吸水來練湖渾是飲龍杯河山王
氣環城闕五色雲中日月開
晴湖日氣晝葱葱隱隱龍蟠黑帝宮常駁飛
虹來駕海化為雲雨散虛空
蓮花蓮葉映仙舟笑殺仙郎鏡裏遊可是當

年十丈竊令人從此望蓬丘

天開銀海映金山龍虎出來抱水關中有浮

丘陵倒景三辰摇蕩水雲間

珠林烟島接仙梁別有仙洲在帝鄉自是排

鰲修海柱金陵城闕比金湯

冊府瑶函滿後湖小天日月照黄圖金龍不

動玄池水掌上雙雙脆寶珠

一從天苑躍神龍紫氣靈光照玉峰海上三

山遥獻壽寰中萬水盡朝宗

玄湖新序　李世德字崇之河南祥符縣人

嘉靖乙卯秋嵩山李世德以南京戶

部主事得與湖事嘗

憲皇

孝皇二帝之朝先考石菴公濙以南京

戶科給事中曾理湖務後二十餘年

而世德生又四十餘年來承遺矩因

仰頌

皇圖并及先公之事

昔聞玄湖盛今上太平洲城闕衢秋入欄廻
及岸頭菱荷闌綠水鶴雀避蘭舟緩棹雲霄
上平川日月浮瑶臺開玉宇碧樹擁丹丘
天府圖書具神祠門徑幽
一王真御極群策仰
皇猷寶庫陰陽合金鳳塔閉周披圖今古異
閲載後先憂陸海珠對井黔黎資逆策虚盈
隨化理升降與天游奸宄或因湖行藏亦盡
揆兩洲誠繼業肅載[illegible]謀塔鐸鷄鳴見城

嚴虎踞价雙柞[illegible]北大士仙坐棲[illegible]

湖壁宵人戒拆[illegible]尚

天語近法大紀綱留紫霧鎮山晚疎風崇茂秋

魚龍游大壑莊木蓬鮮移獨坐心方遠[illegible]去

慮轉從市朝終浪跡歷世亦浮溫廊道增前

蘇鶴窺楸外鷗乾坤本納納物理自悠悠青

瑣先臣範辭曹稚子山[illegible]能酬

帝德抑以竭前脩烽火將閒[illegible][illegible][illegible]木收虛

窓靈氣集傑閣曉雲流穴爪終潛跡書蠹及

脂按

今王撫輿土法

祖大神休有姓歸

乳統尺日諭

因敢齊蔡迎大野熱赴貫中州遣將平殊域

覺齊到寮儕四壑出藪澤三戶脫鏇子來穴

三錢克人無外亓愁雍雍光闓畢偉偉達邊

厥宵廢還司縣歌謠遍詁前小臣何以報願

上萬年詔

湖上吟十首次喬三石韻

礪峰康大和　福建人袁宗　工部尚書

玄武湖開萬頃流，時雲倒影吠城樓。輕舸恍度洞庭水，飛蓋俄隨鸂鶒洲。

宮闕參差映水雲，百年御氣尚氤氳。青宵月照莅龍窩，白日波涵龍鳳文。

高臺直上一亭開，恍惚人傳天語來。[illegible]水遶銀河通貝闕，雲移珠樹作蓬萊。

芳春結伴入湖來，草色花香共酒杯。便是乘

搓天上至猶疑飛憶鏡中開

瀠湖佳氣鬱葱葱雲水微茫繞漢宮郡憶六朝歌舞地落花啼鳥散長空

蘭桃桂棹泛龍舟今古人傳此勝遊何似漢家開府府萬年基業與山丘

天外白雲海外山煙波縹緲護玄關重門深鎖人稀到疑有神仙在此間

六鰲海上駕虹梁萬國圖書集帝鄉彷彿神山移島嶼分明禁地設金湯

金陵風景屬玄湖萬里江山入畫圖更喜澄
波涵日月誰人探得驪龍珠
湖光一碧隱魚龍湖外青山翠幾峰自是
六飛曾駐蹕至今萬國尚朝宗
後湖吟十首用喬三石韻
沃洲呂光洵浙江人南京工部侍郎
彩鷁乘春入禁流曈曈晴日映城樓空明疑
泛蒼龍窟浩蕩遥連白鷺洲
湖上青山帶白雲春深佳氣總氤氲千條弱

柳銷金縷淺樹飛花散綺文
東南御氣鬱龍蔥湖上靈山接　帝宮萬國
貢圖歸秘府千年雲水鎖長空
琉璃波上踏歌來笑對鶯花啜茗杯最是韶
光易流轉好將懷抱向春開
湖面青烟春乍開亭前白鳥趁飛來蘭棹設
移花外過恍疑玩賞入蓬萊
春天森森漾輕舟水色山光引勝遊歸激微
茫人跡少始知禁地即丹丘

江上玄湖湖上山青霞爲障碧雲關凌風直上最高頂萬井煙花一瞬間

三洲雲構接虹霓萬雉千門擁帝鄉自是古今形勝地高憑玉壘帶金湯

歌舞當年說練湖從開秘苑貯瑤圖中天日月常光曜何用神娃照夜珠

天沼澄泠似鑿龍五雲深處隱奇峰寄語江湖千萬派由來此地是朝宗

玄湖歌十首用韻答礪峰沃洲二司空

洞山尹臺（江西人南京禮部尚書）

湖上堤橫青澗流湖中波映白門樓鳧鷗散

戲烟花裏更着蒹葭十里洲

鍾阜翠飄湖島雲暖風晴日散氤氳　宸遊

向曉三春望御氣長成五色文

徵書昔日草堂開千古林猿笑客來不用移

文嘲隱士久無人蕭北山萊

湖上長吟開自來湖光聊借洗春杯烟霞縹

緲三山接疑有仙人樓閣開

荆河山氣鬱葱盤[illegible]長[illegible]龍宮[illegible]

石笑相映碧水澄洲渚有容

曾聞簫鼓振　宸舟想像當年赤水浒炎岸

旌旗迴翠巘中天雲霧擁丹丘

鴐古湖涵玄武山三炎勢衍秣陵關長江似

帶縈相抱湧出波濤天地間

貫城南出晨危孫執法星躔耀　帝鄉謂衙

河流思大禹更鬱毫社憶成湯

浪說玄湖晨鬱湖何人指畫昇明閣洞庭宜

後湖志　卷之十一

老又二一 金

獻釣天樂覓社合是明月珠

罟湖自哭無髯龍冠爲長閘橋山峰　劉

一去斷消息此地神靈天下宗

二月六日同陳門□□科過湖祀神大

詩

郭立彥 福建人南京尚書 明即刑管湖西

地禁人稀到春臘鳥和鳴清談同事好行樂

覺身輕歌舞屆前代欣關莫我

[illegible]

國府寅賓向深憐麒策人有功千載嘉猷消
一時身本為能先意非千觸逆鱗年年脩祀
事民數喜逢春

讀湖志見麓池郭掌科拉予同遊佳詠
因憶往事次韻寄懷

黄希憲　江西人監察御史

湖光蕩漾山光合龍引淵前喜再過絲鶴錦
鱗游曲島古桐芳樹映崇阿臺表六年慚汗
漫滇南萬里隔星河醉中忽憶梅花調乘興

循疑李郭綳

過後湖觀冊書懷二律

萬木陰陰夏日長蘭舟共醉玉壺漿松聲隔水鳴笙巧蓮葉迎風入酒香對景流連早魏晉匡時保障感龍黃振衣天語重登覽一嘯能令俗慮忘

蕭■臨湖逸興長華構高集泛瓊漿鍾陵雲護蟠佳氣蓬島風来藹異香歌舞六朝悲往跡圖書一統仰吾

皇杞人無功終宵慮[illegible]卷元元未[illegible]

夏日泛舟湖中漫書

入署慚聯玉觀湖喜共舟波光涵日月山色

自春秋海宇圖書會元良經濟謀碧筒頻勸

飲臨別意綢繆

玄湖遠眺

俞洛孟浙江人監察御史

平湖晶晶鑑瑤空湛湛恩波艷

帝功雲樹倒涵千澗碧晴花遠映萬山紅天然

圖畫瞻河洛地湧樓臺壯觀豐極目更深魚藻詠蓬萊多在直城中

後湖行十首 [illegible]

諸生陸陽山章耕前湖[illegible]

[illegible]三石司徒讀

諸生[illegible]鮮[illegible]人

金城王氣映清流風景依稀十二樓詞客不嫌湖上去臨軒空想是瀛洲

湖上新晴散彩雲湖中元氣尚氤氳亭臺倒影經年在是處湘簾迫水文

重重樓閣倚雲開花柳無邊春色來[illegible]愛玄

湖深處好仙郎何異入蓬萊
曾隔銀河一水來晴光瀲灧渺浮杯欲知此
景惟堪戀六月青蓮花正開
曾來王氣鬱葱葱弱柳千條繞故宮八月征
鴻湖上過翩翩清影落長空
平湖如練泛仙舟宛若人從天上遊漫說蓬
壺方外景人間亦自有丹丘
茫茫光映紫金山氣溢東吳雲水關那得終
年成瀲灝天池分出到人間

彩虹時出[illegible]翠瑤島瓊洲入　帝鄉不信
金陵多勝槩令人空自說金湯
帝室常懸玄武湖深知此日壯
皇圖秋來一鏡清如洗照見驪龍頷上珠
清波今已漾群峰細浪曾經駕
六龍總說五湖烟景好爭如此水已朝宗

後湖行

龍岡張舜臣山東人南京戶部尚書

瀲灩湖靜不流清光長映鳳城樓圖書瑤

島開天府浪説仙人十二洲
水氣朝朝散海雲往来時見碧氤氳樓閣依
稀三島秀龍蛇隱見九霄文
白雲烏府面湖開鸕鷀群飛日日来綠樹陰
濃花畫發路人争説是蓬萊
承
恩兩度石城来政暇尋春數舉盃
聖祖宸章光燦爛刑清曾勑對湖開
鍾山王氣鬱龍葱五色雲霞捧帝宫日上澄

湖蒼翠蒲浮光遥映九宵空
萬方一統泛蘭舟想像
高皇御浦遊夾岸旌旛排晄日中朝詞賦擅丹丘
蒼蒼綿亘紫金山虎踞龍蟠壯帝關
聖祖過江先定鼎千秋神武照人間
六朝漫自說齊梁龍虎今看作帝鄉一統河
山開錦繡萬年社稷奠金湯
奕奕蒼山映碧湖漢家天險自鼎湖安危顧
寄千城將不用梁家照乘珠

御雲長護紫霄峯時有祥光閃六龍
聖代千年原萬世滔滔江漢永朝宗

玄武湖次韻十首

肖泉林庭機 福建閩縣人南京工部尚書

青天倒瀉銀河派紫氣遥通五鳳樓日日晴
光摇碧落時時笙鶴下蓬洲

湖上長飛五色雲水光雲影共氤氳最憐落
日微風動散作波間綺縠文

金陵樓閣鏡中開瑞鳥祥危日日来已有丹

丘在人境不須滄海問蓬萊

萬疊雲山擁翠来山如圖畫沼如杯乘流赤鯉時雙躍照眼紅蕖忽並開

玄湖靈氣鬱葱葱下有百尺蛟龍宫等閑白日走雷電飛雨倏然來滿空

六朝曾此泛龍舟歌舞當年說勝遊蔓草野花成往跡丹山淵水自林丘

萬年形勝此江山白日雄開虎豹關銀海互通霄漢上乘槎欲泛斗牛間

飛流萬仞遶山梁黑帝分明鎮此鄉共說
皇家根本固
九朝城闕自金湯

歷歷河山擁練湖煌煌日月照輿圖波搖恐
化延津劍澤媚驚還合浦珠

川流一派宛游龍倒映中天萬仞峰須識輿
王元此地江淮河漢盡朝宗

秋日湖中直宿即夜有懷

張煥 山東人南京戶科給事中

共有玄湖役相看清廟才泛舟過竹裡握手

一登臺瞑色洲前盡錦聲木外来渡頭歸路

渺惆悵夜難裁

撃浙歲燈火傳更遍水涯殘荷零玉露宿鴈

抱寒沙焚草時癸

閲曉雲更憶家鄰枝聊假寐癸裡惜年華

竹濂軒

追隨七載五經春每遇春来對衛蝦艷蕋珍

奇南國婿嬌姿彷彿故園新風前時有暗香

度雨後無妨鬭葉蒸玩賞不緣

王事過湖中那得看花人

月食直宿湖中和吴一洲計部韻

月華清冷徧蓬瀛薄食虧殘驚變生誰倅金

波瀉轉細共愁玉魄復難成喧天鐃鼓聲闐

遠望日湖山夜不明烽火未消征税急諸君

横槊莫峥嵘

直宿湖上步韻

胡用賓婺源人南京湖廣道監察御史

玄湖泝共筏相對更憐才掬藻魚吹浪移罇

月傍臺虹垗天外羣島渚樹前來爲有風雩

趁狂歌取次裁

默坐幽隱下超然耿畔涯鵑喧迎曉曙鷗夢

穩晴泓茶灶消塵俗湖雲共一家惺惺時對

越莫使貧

勳華

湖上玩易前韻

先天非窈嘿何事想無涯苦海自迷癡恒河

幻說沙彌高皆實際萬象總爲家戒懼求仁

體姤令悅歲華

秋日直湖次韻

鄭準蘇州人南京山東道監察御史

留都喜把玄湖勝仙[illegible]仍陪通省才眺泳欲

平龍卧窟秋空應見鳳遊臺瀛洲境界寰中

得天府輿圖海上來倦客不妨留信宿儘教

魚鳥屬新裁

天語亭用韻

野服載循蕉荻徑山亭還眺水雲涯鮫宮側
映藏書府雉堞平臨宿艇沙六代風流今澤
國五湖煙景舊吾家坐深更作蓴鱸想慳得
秋來興易賒

直湖

劉維[illegible]廣人南京[illegible]川道監察御史

冬日偶齊偶渡湖湖中景物迥然殊草枯煙
歛十洲見荷盡波澄一練鋪欸若帶歸鶼
鶴暮汀疑露待眠鳧嚴更節坐想無補自

洪謨敷版圖

登天語亭望鍾山

乘興來登天語亭，分明鍾阜獻山靈。浮龍瑞彩連城紫，護玉松杉照水青。肯倚微垣雄嶽鎮，氣通江漢釀滄溟。東南勝槩曾披覽，還謝晴窓總不扃。

再登天語亭

重到危臺上，拂開四面雲。湖深龍卧穩，沙淺鴈移勤。茹茗約薪者，醇醪戲東分。對此已成

趂鶴鸞况足聞

讀湖署諸雅次韻

七後壁間作篇篇見異才如揮鸚鵡賦似咏

臨風臺停擲歌晨起焚膏玩夜来續貂自勝

濫胡漫欲戈裁

直玄武湖次韻

方沆 福建人南京户部郎中

宴坐圖書府翻懈經國才湖雲涵一鏡春樹

抱層臺鷗渚參差見虹堤夭矯来居然人世

隱幽思邈難哉

不道玄湖勝風烟各一涯雄圖天作塹春水浪排沙書部喧雙鶴洲廻隱萬家東来鍾阜色屹屹奠京華

登天語亭相傳龍潭在其下

湖上千山入座青振衣延眺樹寅冥派亭清切懸天語萬堞廻環擁地靈風亂渚蒲鴻鴈度波摇潭影卧龍醒十洲總属神僊吏松徑無人晝自扃

湖中閱籍

玄湖吳別沼六合漢封疆天府圖書閟地形島嶼藏蒼生存貢版華省愧含香為喜瞻羣息臨流興不忘

芳藻軒讀懷洲絳事高咏漫賦

僊吏避喧處孫芳振水涯雲霄懸諫草詩句紀名花細蕊爭春吐霞條媚日斜姚黃與魏紫遲爾鬬繁華

湖上晚坐次韻

劉世祥廣東人南京戶部郎中

乘槎同傳望覽籍甚僊才薄泛芙蓉浦還登
閬苑臺殘霞隨鴈度兆翠逐船來為聽陽春
調幽懷未易裁

玄洲烟火絕亦自與無涯龍卧寒潭月禽喧
隔浦沙白雲懸海嶠紫氣仰
皇家憂國曾何補能無惜物華

次韻

許天贈歙縣人南京戶部郎中

蓬洲仙子集，不數漢宫才。泛棹窺龍穴，揺杯

逃鳳臺。晚風吹葉落，朝雨送寒來。欲寄南征

鴈，雲箋取次裁。

湖水連天碧，天涯即水涯。月明魚弄影，風急

浪飛沙。幽徑迷三島，寒烟鎖萬家。鍾山多紫

氣，千載護京華。

秋日宿湖次韻

劉伯縉山東人南涌司主事

玄洲開冊府，保直媿非才。數宿所廊稽，欺深

湖上臺淵魚特㚑躍野鳥倦飛來共有滄洲
念封章次第裁
鏡裏秋光瀰停舟宿水涯寒風吹老樹細雨
落平沙形勝延三島湖山共一家端居仍盡
省空自惜年華
湖上次韻
吳道邇福建人南京戶部主事
禁湖煙景好樓集盡仙才賦就龍吟水歌殘
鳳下臺蓬壺三島裏圖籍萬方来俯仰多幽

興新詩次第栽
夜来啼暫息抱膝嘯雲涯雨濕眠鷗渚烟籠
宿鴈沙一杯聊共適得趣自成家莫待流光
過臨岐歎物華

喜晴

經旬煙雨鎖蓬瀛山日湖山百媚生靜裏鳶
魚機不盡空中樓閣盡難成六朝歌舞赴陳
迹萬國輿情仰大明總是
皇家培植厚無端雲樹亦峥嵘

宿湖次韻

鄭昊 廣東人南京戶部主事

喜逢張仲侶愧乏鄭玄才憂
國時披籍看花共上臺雲深龍隱見天晚鶴歸
來不盡悠悠思聊賡白雪哉

蕭然棲籍院縹渺在雲涯翛然蒼蔽露風飛
隔岸沙嶔章盈前堵天下喜為家獨有張懷
客驚添兩鬢華

湖中雨霽即事用吳一洲韻

十洲遊覽亦登瀛麗景偏多雨後生波底日
涵龍窟見柳條風細鳥歌成東西掩映
空闊潤紅紫參差春晝明更上高臺望鍾阜倚
雲松檜倍淨崢
步韻嘉芍藥初生
湖裡蒼茫不記春忽看奇卉出芳塵未誇艷
逞臨風吐且喜靈芽帶雨新日至可知香由
冉時來旋見葉蓁蓁仙郎已約傾樽興醮
金閶瀨主人

莫春元湖次韻

楊雲鵬（南京人，户部郎中）

靜覽春湖色欣逢濟世才鄉飛雲外壑波漾月中臺鸞鳥銜花去遊魚約藻來京華佳麗地不惜苦心裁

貿版通天下珍藏一水涯山環松倒影湖濶浪翻沙鳴鶴疑三島停舟隔萬家清幽惭退食何日咏皇華

重會懷洲長科於芍藥軒次元咏

相逢七稔復經春，春日來看不厭頻。棠樹嬌
時花未發，牡丹開後藥初新。窗前冉冉霞光
灼，檻外重重玉葉蓁。非爾巧裁成國色，神仙
久作植培人。

直湖次韻

唐可封四川人，南京戶部郎中

玄洲開冊府，覽勝附儀才。倚棹廻蘆渚，尋芳
止古臺。烟霞湖外合，鷗鳥鏡中來。欲紀
皇圖勝，天然未易裁。

乾坤春意足到處是生涯鶴唳洲前月鳥喧
雨後沙松雲封曲徑湖色澹千家坐有鐘山
氣年年此物華

湖中即事次韻

王之七 山東人南京戶部郎中

共役玄湖署相逢廊廟才看花臨山擬步月
俯層臺鴈度平沙遠禽喧隔浦來欲賡春雪
倡援筆轉難裁

遊勝開 天府停舟忽水涯烟霏巢鶴樹波

蕩浴凫沙紫氣浮三島蒼生屬一家悠然塵世外兀坐惜年華

春日直湖

雲間鍾宇淳南京兵科給事中

偶隨鵷鷺得從容面面湖光面面峰天啟圖書懸日月波涵島嶼浸芙蓉花源半踏天台路曙色猶開紫禁鍾便憶滄洲非舊隱春雲天矯欲從龍

夏日直湖

物外律招尋衡笠意轉添呼更白鳥停貨紫碧山陰進華開佛面水月中禪心滴薰方解皐兆從對虞琴

直後湖登　天語亭

王　嗣美　關中人南京戶科給事中

紅亭結構碧雲顛烺烺龍章瑞日懸豈爲湖山清宦履直教版籍重民天藕花夾岸香風散魚隊迎舟錦浪圓午夜凭欄頻極目波光遥映使星躔

後湖水亭觀雙鶴

萬載皇圖歸冊府，九天玄鶴下湖潯。風前對舞憐仙羽，石上齊鳴鬪好音。官署肯忘霄漢志，鷗莎寧識稻粱心。似君亦有遠公興，遲尔雙飛碧落陰。

冬日過玄武湖會楊一中諫議、馬洛川、丁思林、王用吾訢對揆省丈次韻

丁一中 丹陽人，南京戶部郎中

輿圖輻輳際昇平，寓有籍皆仙[illegible][illegible]共向

天亭聯叢藻還披玉籍撫然若生湖山行昔符三
島根本於今壯
二京聯佩也知無俗骨賡歌況復有同聲
丁亥五月汝南子宿湖偶見短屏上有少
鶴題咏之懶志闕焉因感散逸者或不止
此也乃命之刻而復識之
夏日宿湖即事　　吳之鵬毘陵人南京戶科給事中
勝地絶行舟閑觀物外幽雲陰山翠合風捲

水紋流畔睨横千堞參差半十洲登臨無限
意來往任輕鷗
孤亭臨水碎斜日報傳更夜静魚争躍波澄
月倍明環堤垂樹影曠野雜虫聲吏隱無踰
此滄洲若有盟

湖上有懷褕邦相

政爾渡芳洲天涯書忽授風神猶自遠藻思
莫能酬素食慙同志青山憶舊遊所懷聊寄

後湖夜直

陳奇謀 秀水人 西道監察[illegible]

聖祖當年重所天，天開蓬島此中偏。湖瀠碧練涵新月，山起紅雲接暮煙。四國圖書蘇櫛盛，千家詞賦日星懸。慚余伴食誠何事，拜手編摩頌萬年。

樓中遠眺

憑欄四望海天開，朶朶芙蓉入座來。恍在十洲仍隔水，疑從三島更層臺。輕鷗點點隨飄

泊短棹摇揺自往迴正是六朝歌舞地幾人
能抱濟川才

後湖直宿有感

劉綺　沔陽州人南京戶部廣西司主事

幾從冊府度官航喜見
皇輿奄萬方不比秦圖收相國由来周禮重天
王紫金山擁東南勝玄武湖澄日月長聞道
流移勞
聖慮小臣何以慰明光

湖亭春日

伍文煥 四川人南京户科給事中

玉液噴龍窟練光接御河停杯花欲咲凭檻鳥爲歌雨過閶舟晚烟籠翠幛裁春遊覩不盡得似北湖何

秋月獨坐

林密月初朕雲峰入望遥蛩聲鳴翠壁松影拂虹橋波漾驚魚陣樓空引鳳簫五湖寧勝此秋染許由瓢

玄武湖直宿

金士衡（長洲人南京户科給事中）

鍾山鬱葱吐晴煙下有玄湖光接天極目瀰漫杳無際十洲三島水中懸圖書祕府絕人跡沙鷗野鳥時出没岸芷汀蘭暗送香晴空噴雪蛟龍窟乘風鼓棹發蓬萊撈月把酒心花開片雲入坐留不住雙蝶迎杯去復來花陰半壓欄杆外飛點點春猶在長堤柳色翠欲流好景嘉辰如有待亭臺倒映波心裏日

落西山烟霧起暝色蒼黄歸路迷茫然徘少
長松底忽向窗前有月明千林萬籟寂無聲
從來色相皆空幻從此湖山悟得真
癸酉甲戌歲余長兄爲山任南户曹直
宿後湖曾次諸　長者韻作五言二首
閲三十餘年爲丁未　綖　亦以上元尹量
移民部胄濫湖差讀湖志忽見先兄作
不覺感愴因漫次其韻且喜得覩其盛
又以一律紀其事總之不免續貂顧綖

素不諳詩律至情所觸不覺溢諸言然
仰觀　大方實愧非才又念兄弟後先
人生興慶忽孤其遇而泯之不得已而
不避醜拙識數言於此若曰以詩名勸
諸　長者後愧汗淫淫下矣　觀者諒
之

劉伯綬（山東人南京戶部主事楷之弟）

玄湖天設險巇之濟川才捧
激灘靈沼乘槎趨禁宗

一人開冊府萬國負圖來民數登藏富取次爲
君裁
睠彼圖書府群芳傍水涯魚龍翻碧浪鷗鳧
伴丹霞鍾山分暿色宜亭湖邊有四宜亭通仙家
聖主恩難報憂思欲莫涯
又七言一律
鬱葱佳氣
帝城隈玄武湖光一鑑開縈堤楊柳含烟翠出
水荷花帶露培島嶼參差連星漢鳶魚飛躍

任往回人傳此地蓬瀛近天語湖中有天語亭遥聞

玉輦來

版署請并爰索湖誌稽建置所由覩喬

司馬康司空尹宗伯諸公各有唱和十

絶祸中勉步呈給諫金崐源版曹劉吾

山二公

王堯封僉塗人南京戶部郎中

玄武波通太液流晴光掩映傍城樓扃藏祕

籍人稀到始信壺瀛有十洲

烟樹霏霏帶午雲
園陵紫氣倍氤氲花顔柳色春無限都作漣漪
水上文
突兀高亭俯鑑開
玉音猶憶自天來周遭翠靄重重合恍惚躋攀
在閬萊
渴龍吸水向東來瀲灩湖光似酒杯形勝版
圖收不盡玉虹時共綺霞開
佳氣南陽美鬱葱還疑海藏瞇龍宫頷珠徑

寸無人探毋夜晶光透碧空

緬想從前戰覆舟承平何歲不盤遊

聖朝睿筭備邦本行樂空談晉代丘

重湖瀰渺裔崇山水勢居然玄牝關生齒籍

名多桂漏總皈

望澤準涵開

巨浸菰菰沮濟梁

高皇睠此白雲鄉只今版籍當玄闕創業訏謨

邁禹湯

冊府依稀髣髴湖不通舡燧護瑤岡波深纚
得千齡蚌應有冥宵寒月珠
淮甸當年起應龍鼎成弓劒鎖鍾峰寰中負
版梯航至豈只西來江漢宗

王計部爾祝示後湖和詩十章次韻

唐鶴徵武進人南京太常寺少卿

城上高樓俯碧流湖中秀色泛虛樓帝鄉原
是神仙府知此東瀛第幾洲
波面英英起白雲

奇賦佳氣更氤氳信知豐芑鍾祥厚常見龍形
五彩文
刑府馮波鎖不開錦帆惟許瑣郎來百年版
籍增寥廓喜是三農闢草萊
靈液鍾山鴻頃來誰能飛渡試浮杯燭龍夜
半銜珠到貸鑑横空劃地開
翠岫沉波青似葱洞庭休問碧雲宮異時十
里紅粧艷一片明霞散碧空
昆明鼙鼓肆龍舟凝碧笙歌晨豫遊

主獨憐民數重不將勝地作糟丘

春漲平來欲抑山黄雖自鳥競開閘普天化

育稱繁庶總在

恩波浩瀚間

城壕風塵正陸梁城邊淡漠水雲鄉更聞地

底通靈脉山外温泉出似湯

萬里江山一片湖龍蹯撫雄圖

神孫

聖子鍾靈秀頻現摩尼頂上珠

長堤蛇蜒未雲龍垂柳陰陰接遠峰獨倚波
光聊俛仰落霞孤鶩見禪宗

咏後湖　　黃希英　福建莆田人南京戶部主事

湖塵汎掃八方清玉輦曾來此地行不作神
仙遺嗣主深藏圖籍重若生鮮鱗度閑知縈
庶渺渺湖波識
聖明南望鍾山玄德遠只將匪懈答昇平

宿湖

黄日敬 福建莆田人南京戶部主事

萬方圖籍奠湖洲邁古經營仰

聖謨華夏生民今一統江山風物此神州天文

入夜聯奎璧使節經旬駐斗牛身荷

國恩猶未報自慚何以繼先猷

癸卯初冬同張民部宿直湖上作

祝世祿 江西德興人南京吏科給事中

湖邊草長碧芊芊湖上堂開鑄鼎年烟鎖禁

城歸路斷鍾山靜對筆床前

萬頃湖光一擲收舞隨獨鶴立芳洲青天不
動金鰲背掩映仙人十二樓
華林舞罷水師陳千載悲涼野馬塵金版深
藏天語爛漢家經略重司民
天家亭榭倚雲開表裡湖山亦壯哉樹古風
高發籟直疑天語自天來
亭開面面俯漣漪傍晚蘋風故故吹把酒坐
邀明月上青天倒映碧琉璃
長天片月返湖光湖水湖天接混茫歌罷天

風吹露冷十洲瑤草蕪蒼蒼

東風吹水水生香隔水桃花張可人已向滄
洲稱傲吏不從漁父問通津

水國魚龍出沒多夜深明滅下星河半窗人
上圖書府民力東南近若何

和曾大父斗塘公咏後湖韻

黃起龍 福建三山人吏科給事中

湖天十里日澄清欽欽危鷗傍岸行傑閣煙
開青漢出帝城樹遶彩雲生光涵蒸府繁花

映彩澇鍾陵積翠明自是

聖闓天廣大致身何以報隆平

和從兄壺宗衍湖韻

瀲泓湖水繞滄洲草昧當年燕翼謀下淑清

逆星漢折今陵麗信帝王州明珠月色遙臨

蚌神劍炎光上射牛萬里版圖歸

聖主升平更徵象緯獻

己未秋八月偶望同安亭利恢泉過湖

殿任雨中乍晴

胡繼先四川瀘州人南京戶部主事

霽色初開湖上船荷殘猶帶晚香憐鶴巢樹

下鹿坟淨龍引洲中版籍鮮

王氣百年千嶂合

皇圖萬姓一家傳豪杰來直來遊此指點天工

別有仙

玄湖積雨

積雨深秋湖水平翠虹堤畔柳珠縈郭圖浴

霧懸天晶陵阯連雲漢

帝京吏放早衙思日賞官乘虛剩帶風清從來
仙地無烟火俺有蓬萊醉海瀛

過湖漫興

朝暾湖色弄晴霞水荇浮空翠帶斜光散城
隅千堞滿波迴山出萬松斜飛鳧向裡留遊
鶴種桂亭中政有化涼意蕭蕭官事簡何辭
五日一乘槎

玄湖閒適

紫山煙重白雲愁霜盡湖蓮碧水秋別興流

霞芝草翳新洲曜日瑞圖妝自公有暇修花
史執事無機伴海鷗多少堤邊松共柳亭亭
翠色助清幽

已未仲冬和祝掌科無功宿湖八絶

冬日湖霜艸尚竿低迴常憶當年
官家不作昆明制爲有龍蟠在面前
山光城景鏡中妝淼淼湖波擁十洲
聖世經營開册府儼然天語寄高樓
寧論齊宋與梁陳遊宴豪華隙裡塵豈若萬

閭藏戶口太平無事獨觀民

一道晴霞錦練開湖天一色景奇哉空中不

許遊人往鷗鳥忘機解日來

寒光瀉（滄）浦清漪爲祇冬風且莫吹只待疎

星中夜發應移璧月映琉璃

芙蕖發盡澈天光鳥嶼依微入渺茫獨鶴一

聲雲外叫宛疑樂渺鷗青冥

一陽初動喜隣春湖畔梅花早報人欲向上

林問消息嚶嚶盈盈一水不知津

優游閑署事無多極目川源簡絳河有意乘
槎歸去好五湖風月更如何

[illegible][illegible]志 [illegible] 卷之十 [illegible]

跋後湖志

夫後湖有禁人弗得至人弗得至其得至

知耶弗得而知而志者志其形勝沿革諸

令禁戒數事俾天下知其至重且大而不

啟弊也夫今天下之弊多矣莫甚弊於

籍圖籍之弊緣此或可以少警志其可

無耶若夫天下阨塞戶口多少彊弱之處

蔵在圖籍非惟人不能具知雖志亦有

不能以具載焉者

正德甲戌秋九月望

南京刑科給事中河東史魯謹識

跋後湖志

自有山川即有此湖而版藏則自我
朝自置版藏即有此文實而志則自此編
始按周禮職方氏掌天下之圖其後蕭何
入咸陽收秦圖籍歷漢晉以來或下省左
人曹或東西二庫實在內府而未有若後
湖之天險也是湖四圍巨浸一洲中起天
下上籍惟時收藏火盜不虞誠天府也然
山水形勝禁令沿革關防啓閉雖有成案

一

三百〇八

不係尋檢錄而志之則主者有所考據而
觀者知所敬慎益一代要典也若吾
祖宗豈非恢廓前古貽謀之遠而吾同年趙惟
賢洎張濟寬又非仰承休
命劾職之勤邪嗚呼在德不在險湖果足恃
乎在
聖子神孫仁以守之耳然則因此志而知黃籍
之當重因黃籍而知後湖之當謹則版籍
與國祚相爲悠久而國祚與此湖相爲流

時於無驪矣湖　京禮科給事中徐文溥

識

跋後湖志

後湖志志一湖之事耳而凡爲天下國家
之志者莫大於此志所以載當時之行事
以爲訓於後世使觀者知警焉耳而此
書之志寔天下之版籍而生民之息耗見
焉天之立君君之設官凡以爲民民之息
耗則氣運之盛衰政治之得失從可推矣
一般湖而天運人事了然在目可考
鑒天下國家之爲志孰有大於此哉趙官

滋後湖而汲汲以成此志益有見於大且
重者予愧無以助遊於是乎跋
賜進士文林郎南京戶科給事中臨川樂頀

跋後湖志

古人謂脩史之難無出於志以志者憲章之所繫非老於典故者不能爲也今州縣惟賢氏爲給事中職典後湖湖明朝圖籍之府也惟賢以志不可不脩諭諸同事者張主事濟寬氏迺取古今而蒐輯焉加公取積勤二年有奇脩迺成憲意具在而顛末沿革如指諸掌載詩文所以廣證義也亦老於典故者哉夫一湖耳昔用

之家令用之國廢興久近所不能無者深
思之民用惕然於戲安得續志來者有如
此湖正德甲戌秋九月庚午
賜進士文林郎南京吏科給事中楚辰潘棠跋

右官所編後湖志全集也志之編昉于
正德癸酉歲之春飯成而鏤諸版在甲
戌歲之秋凡八易草𢌿克竣有所成曰
月流邁荏苒二年于兹矣凡爲卷八爲附
錄詩文卷二爲版版總七十有奇始官署
甞非僻居于蜀開父老相傳金陵後湖
有所謂銅版册者藏之中洲非公事罔
敢擅越望之若儼山然時雖聽焉而莫
能究其實也正德辛未秋承乏補南京

戶科給事中寔司是事蒞湖之初因歷
覽洪武以來冊庫及諸制度禁例之詳
然後仰歎
祖宗貽謀之盡善而非前代之可跂及也今
姑就其易見者言之如民數之多包乎
四海則輿圖廣矣府庫之藏垂及萬年
則版籍全矣洪武以來冊籍各處多散迸廢缺惟後湖獨全編
造有定式而隱漏僞增之非容則奸弊
除矣如洪武十四年編造黃冊及二十四年奏准攢造之類往

泰有定期所有採火燭之必禁[illegible]

絶矣（如洪武二十四年令五日一次過湖汲掌鑰禁革往來火燭之類）以至清查之有法（如太湖[illegible]及各處查[illegible]）

籍不許禁腑晾之有時（如生人等五[illegible]令官[illegible]）稱之類（及曬庫有[illegible]）遴視之有人（如附湖[illegible]各之類）

東西向之類而侵越之有禁（如湖之界碑禁盗[illegible]絶樵採之類）雜

湖之中而

宏觀遠範實見乎此則所謂冊如銅版者

豈歟我戕惜其歷年既遠諸例散逸磨

滅而莫有爲之志者使夫有事于湖者
茫然無所執持慨然無所遵守官竊有
懼焉開門公暇即楊月湖先生謀之月
湖曰此缺典也予試輯之而我爲校正
何乎于是與同年張君濟寛參互考
訂期底于成未幾月湖有京兆之遷而
湖中負版者紛至日不暇及役而不暇
者又數月矣一日過維揚翁先生偶論
及此整菴且贊成之而爲校勘湖之志

自是始就斷屬顧讖覘膚淺異逕庭無
雜石之論若決
國初創立法之意既非所知
累朝沿革事例之詳亦未精考補其闕畧
以成其愚而備之於永寶有望於後之
君子云正德九年秋八月既望官拜手
謹記

後湖志後序

不佞濫竽冊署業已兩期直湖之暇繙閲舊志見其模糊漶滅幾不可句思更新之謀于户垣時署湖事高公欣然見允爰付剞劂且手製爲序弁諸首簡而載屬不佞以

踐于後何能無說而處于此嘗謂
天下有虚文有實政有實政跡乎
虚文虚文闗乎實政者則湖冊是
也我
太祖高皇帝混一寰宇建都白下舉
版籍貯于斯

成祖文皇帝再造區夏定鼎北平仍
舉版籍貯于斯
列聖相承率由弗改豈非以規制盡
善内可遠祝融外可防窺伺雖聖
人代起不能復易歟歷稽載籍吳
稱練湖晉稱北湖五代稱玄武湖

而唐宋迄今俱稱後湖其間有乞
為宅者徒来徐鉉之譏請為田者
祇重臨川之㧗即塘開飲馬池擬
放生不過追漢武下風襲梁皇陋
轍而于安危治亂漫無補裨惟是
啚書一貯永世弗磨豈不度越百

王畢視千古耶顧開創之初法令
嚴肅承平之後事勢陵夷迄今則
獻數慫期故楮塞責癸延于壬甲
淆于乙加以萬里而外遼邈難稽
三輔之邦沿習成玩以近日負版
之人心回視

先朝立法之初意大不侔矣不幾于
玉卮無當乎雖然政變為文而文
乃政之徵實極為虛而虛有實之
用試觀畐冊人丁事產為經嘗牧
除在為緯上而田租國賦之煩下
而舟車牛馬之細遠而日南漠北

閩滇甌粤之區近而圭竇篳門畎
畝溝塍之處莫不具載蓋赤縣黄
廬指諸掌上玄髻白髪近在目前
者也以是獻之
當宁倘動
周天王拜受之誠蕭相國先收之慮

安知不按冊而深惟曰等戶口也
昔何以登今何以耗等土田也昔
何以治今何以荒等人土也昔何
以閭閻樂生山川効順釀成治平
今何以餓殣載道水旱頻年結成
沴癘則必釐若保切如傷擴四海

以為家收八荒于我闔災祲疾疫
病吾民者必軫闗榷店稅竭吾民
者必蠲彊禦棓尅害吾民者必剪
採礦撈珠摸金斷木斷我地脉驚
我山靈者必罷如是則因文見政
政不離文課實于虛虛即是實于

故曰天下有虚文而闕實政者此也若乃嚴生齒之條伸隱口之禁十八而析二十而傅絶户有令占租有律俾王成不得以意增即晋陽不得以意損除往日之空文成一朝之實録此比要之事司徒者

治之猶不足以煩
廟謨而稱國計也以是言實政猶其
淺者耳獻歲為
皇上龍飛之四十年又當更閱天下
民數登諸天府予拭目俟之此跋
萬曆辛亥冬十月

賜進士承直郎南京戶部廣西清吏
司主事白下韓國藩識